Sistema Penal
e
Política Criminal

C157s Callegari, André Luís
　　　　Sistema penal e política criminal / André Luís Callegari, Maiquel Ângelo Dezordi Wermuth. – Porto Alegre: Livraria do Advogado Editora, 2010.
　　　　143 p.; 23 cm.
　　　　ISBN 978-85-7348-663-6

　　　　1. Direito penal. 2. Política criminal. I. Wermuth, Maiquel Ângelo Dezordi. II. Título.

　　　　　　　　　　　CDU – 343.2

　　　Índices para catálogo sistemático:
　　　Direito penal　　　　　　　343.2
　　　Política criminal　　　　　　343.9

(Bibliotecária responsável: Marta Roberto, CRB-10/652)

ANDRÉ LUÍS CALLEGARI
MAIQUEL ÂNGELO DEZORDI WERMUTH

Sistema Penal e Política Criminal

Porto Alegre, 2010

©
André Luís Callegari
Maiquel Ângelo Dezordi Wermuth
2010

Capa, projeto gráfico e diagramação
Livraria do Advogado Editora

Revisão
Rosane Marques Borba

Direitos desta edição reservados por
Livraria do Advogado Editora Ltda.
Rua Riachuelo, 1338
90010-273 Porto Alegre RS
Fone/fax: 0800-51-7522
editora@livrariadoadvogado.com.br
www.doadvogado.com.br

Impresso no Brasil / Printed in Brazil

À Cristina e ao André da Motta Callegari.
André Luís Callegari

À minha mãe.
Maiquel Ângelo Dezordi Wermuth

Sumário

Introdução 9

1. O processo de expansão do Direito Penal 13
   1.1. Risco, medo e segurança: o trinômio orientador do processo de
        expansão do Direito Penal 13
   1.2. Lei e ordem: a substituição do Estado social pelo Estado penal 24
   1.3. O Direito Penal como instrumento de controle das classes populares:
        a seletividade criminalizante 35

2. O papel desempenhado pelos meios de comunicação de massa no processo
   de expansão do Direito Penal 43

3. A apropriação do discurso punitivo midiático pela política e a construção
   de um modelo de Direito Penal simbólico 51

4. O Direito Penal do inimigo como resposta simbólica à macrocriminalidade . 61

5. A retomada do repressivismo e a construção do paradigma da segurança
   cidadã 71
   5.1. O protagonismo da delinquência clássica 73
   5.2. A prevalência do sentimento coletivo de insegurança cidadã 74
   5.3. A substantivização dos interesses das vítimas 75
   5.4. Populismo e politização do Direito Penal 77
   5.5. A revalorização do componente aflitivo da pena 78
   5.6. A redescoberta da pena privativa de liberdade 79
   5.7. A ausência de receio em face do poder punitivo estatal 81
   5.8. A implicação da sociedade na luta contra a delinquência 82
   5.9. As transformações no pensamento criminológico 83

6. Manifestações do Direito Penal do Inimigo e do paradigma da segurança
   cidadã na legislação penal infraconstitucional brasileira 89
   6.1. A lei dos crimes hediondos: a normalização de uma norma de exceção
        no bojo do Estado Democrático de Direito 91
   6.2. A questão da persecução penal ao crime organizado no Brasil 95

6.2.1. O (re)surgimento do crime organizado para o Direito Penal 95
6.2.2. Dificuldades de conceituação do crime organizado e a violação aos princípios da culpabilidade e da proporcionalidade 98
6.2.3. Aproximações internacionais ao conceito de crime organizado ... 102
    6.2.3.1. Convenção das Nações Unidas 102
    6.2.3.2. União Europeia 103
6.2.4. A Convenção de Palermo: uma aproximação ao conceito de crime organizado 105
6.2.5. Crime organizado e concurso de pessoas 106
6.2.6. Crime organizado e formação de quadrilha 108
6.2.7. Considerações sobre o Projeto de Lei nº 150/06 109
    6.2.7.1. Do nome da figura típica 109
    6.2.7.2. Da tipicidade do artigo 2º 109
    6.2.7.3. Do estabelecimento de um rol taxativo dos crimes que podem ser praticados por organização criminosa 110
    6.2.7.4. Da colaboração premiada 112
    6.2.7.5. Da ação controlada 112
    6.2.7.6. Do procedimento criminal (art. 24)..................... 115
6.2. Outras manifestações 115
6.3. Afrontas constitucionais 117

7. Fundamentos de racionalidade da lei penal: notas por uma adequação do Direito Penal à Constituição 119
7.1. O princípio da proporcionalidade 120
7.2. O princípio da ofensividade 128
7.3. Efetividade *versus* eficiência 131
7.4. O sistema penal no Estado Democrático de Direito brasileiro 134

Referências 139

Introdução

Um sentimento vago e ubíquo de medo e de insegurança: eis uma das características mais marcantes da sociedade globalizada, que está obtendo respostas por parte do Estado pautadas na intervenção penal, eleita como instrumento privilegiado de enfrentamento do problema. O Direito Penal novamente é visto como o único instrumento eficaz de psicologia político-social, como mecanismo de socialização e de civilização. Como consequência, verifica-se a incontida expansão do seu âmbito de incidência.

Enquanto outros ramos do Direito vivem momentos de adaptação constitucional, revogação de leis ou apenas regulamentação administrativa, no âmbito do Direito Penal se verifica o contrário: proliferam os tipos penais intangíveis e abstratos; incriminam-se variadas atividades e comportamentos em inumeráveis setores da vida social; aumentam-se indiscriminadamente as penas; relativizam-se os princípios da legalidade e tipicidade mediante a utilização de regras com conceitos deliberadamente vagos, indeterminados e ambíguos; amplia-se extraordinariamente a discricionariedade das autoridades policiais, que passam a invadir esferas outrora reservadas ao Poder Judiciário; e, finalmente, reduzem-se garantias processuais por meio da substituição de procedimentos acusatórios por mecanismos inquisitivos, com a progressiva atenuação do princípio da presunção de inocência.

Esta desmedida ampliação do âmbito de incidência do Direito Penal tem, dentre outros objetivos, o de aplacar o clamor social, iludindo-se, assim, a população, que passa a sentir mais segura com o recrudescimento punitivo, ainda que dito recrudescimento cumpra com funções meramente simbólicas, ou seja, de encobrimento da incapacidade do Estado no enfrentamento de determinados problemas sociais. Neste rumo, a expansão do Direito Penal se apresenta como produto de uma espécie de perversidade do aparato estatal, que busca no permanente recurso à legislação penal uma (aparente) solução (fácil) aos problemas sociais, deslocando ao plano simbólico (isto é, ao da declaração de princípios, que tranquiliza a opinião pública) o que deveria resolver-se em nível instrumental (da proteção efetiva).

Ou seja, o problema que se visualiza a partir da análise da tendência atual da política criminal é a centralização da resposta à crise vivenciada pelas instituições da sociedade contemporânea por meio da utilização da pena, como se não existissem outros mecanismos de controle social válidos, ou ao menos igualmente eficazes. Portanto, segue-se com a antiga política ultrapassada de criminalizar cada vez mais condutas, aumentar as penas das já existentes e sujeitar cada vez mais o indivíduo à pena de prisão, que ressurge como pena por excelência, o que resta claro a partir do crescimento sem precedentes da população carcerária.

Outra tendência desta política criminal é a de configuração de um Direito Penal *preventivo* com uma característica de antecipar a proteção penal, o que leva, por um lado, à frequente elaboração de delitos de perigo – em grande medida de perigo abstrato – e, por outro, à configuração de novos *bens jurídicos universais*. O novo Direito Penal protege mais e distintos bens e, além disso, protege-os antes, isto é, num estágio prévio à efetiva lesão. E esta tendência preventiva leva a uma flexibilização dos pressupostos clássicos de imputação objetivos e subjetivos, assim como de princípios garantistas próprios do Direito Penal de um Estado de Direito.

Em que pese os retrocessos assinalados, esta nova tendência da política criminal encontra respaldo na prática legislativa penal brasileira, a qual se encontra bastante próxima ao modelo preconizado pelos discursos dos movimentos repressivistas que, sob o *slogan* "lei e ordem", pautam-se na criminalização e recrudescimento do sistema penal. Verificam-se, também, traços de uma legislação de exceção, muito identificada com o que atualmente se tem denominado Direito Penal do inimigo.

Ou seja, a pressão social provocada pela insegurança que ronda a sociedade tem servido como justificativa para gerar a legitimação necessária para que o Estado aumente sua "potestade", ampliando seu espectro de controle penal no marco da "luta contra a criminalidade", suprimindo direitos e garantias ao ponto de se admitir, em alguns casos, a perda do *status* de pessoa de alguns acusados.

Atentando para este panorama, o objetivo deste livro é demonstrar que o fenômeno expansivo do Direito Penal coincide com o desmantelamento do Estado de Bem-Estar, que redunda em uma desigualdade social que cada vez mais se agudiza, diante da exclusão de grandes contingentes populacionais do mundo econômico, pelo desemprego e pela precarização do mercado de trabalho, sendo justamente essa a origem da maior parte dos "medos" que se abatem sobre a sociedade contemporânea.

Com isso, por meio de equiparações conceituais equivocadas, aproveita-se o ensejo da persecução penal desenfreada aos "novos" crimes da sociedade contemporânea para reforçar antigos preconceitos que marcam historicamente o sistema punitivo brasileiro, sempre comprometido com o controle e o disciplinamento social das classes populares do país.

Institui-se, assim, paralelamente ao simbolismo penal – voltado à persecução da "nova" criminalidade – um sistema altamente punitivista/eficientista voltado ao controle da criminalidade "tradicional", compreendida, a partir de discursos de lei e ordem, como o primeiro elo de uma cadeia causal que redunda na criminalidade "organizada". Ou seja, o velho discurso da "lei e ordem" é retomado para a persecução daqueles delitos que são considerados a dimensão não tecnológica da sociedade contemporânea.

O resultado a que se chega a partir da simbiose entre o simbolismo e o punitivismo/eficientismo penal é a implementação de um modelo de Direito Penal máximo, em total afronta ao modelo de intervenção penal arquitetado pela Constituição Federal, a apontar para a necessidade de sua adequação constitucional e para o pensar de alternativas viáveis ao atual modelo de enfrentamento da criminalidade. Afinal, como refere Muñoz Conde (2005, p. 33), "enquanto existir direito penal, e nas atuais circunstâncias parece que haverá 'direito penal por muito tempo', é necessário que haja alguém que se encarregue de estudá-lo e analisá-lo racionalmente para convertê-lo em instrumento de mudança e progresso para uma sociedade mais justa e igualitária, denunciando, além de suas contradições, as do sistema econômico que o condicionam".

Procura-se, portanto, com o presente livro, contribuir para o debate sobre a necessária humanização do Direito Penal brasileiro, com o esquecimento de preconceitos de índole social, a fim de se modificar o foco para as desigualdades sociais, razão principal da maioria dos crimes em um país profundamente marcado pela desigualdade social.

1. O processo de expansão do Direito Penal

1.1. Risco, medo e segurança: o trinômio orientador do processo de expansão do Direito Penal

O processo de globalização e a consequente sociedade de risco que se configura na contemporaneidade propiciam o surgimento de um sentimento generalizado de insegurança diante da imprevisibilidade e da liquidez[1] das relações sociais. A globalização introduz a cada dia no catálogo dos riscos e inseguranças novas e aterradoras formas que eles podem assumir. Paradoxalmente, o aumento da crença de se estar habitando um mundo cada vez mais seguro e controlado pela humanidade é inversamente proporcional ao avanço da ciência e da tecnologia.

De acordo com Beck (1998), a modernização, da mesma forma como dissolveu a sociedade agrária do século XIX e elaborou a imagem da sociedade industrial, é agora responsável pelo surgimento da uma nova figura social: a sociedade de risco. O ingresso nessa sociedade de risco se dá a partir do momento em que os princípios de cálculo da sociedade industrial são encobertos e anulados, e os perigos socialmente produzidos ultrapassam os limites da segura-

---

[1] O conceito de liquidez é cunhado por Bauman (2007) para retratar a fluidez da vida moderna e a flexibilidade das relações na pós-modernidade, bem como a insegurança a que essas situações conduzem diante da falta de vínculos e de valores sólidos que se verifica na sociedade globalizada. Esse sentimento, de acordo com Brandariz García (2004, p. 39), é decorrência, além da precariedade econômica, dos "bajos niveles de cohesión social y de solidaridad comunitaria derivados de la crisis de referentes identitarios como la nación, la familia, o la classe, así como de la intensificación del carácter multicultural de las sociedades occidentales contemporáneas (pérdida de identidad en lo local). Todo ello en el marco de una profunda reforma de las normas informales de comportamiento".

bilidade. Com isso, passa-se de uma lógica de "distribuição de riquezas" – característica da sociedade industrial clássica – para uma lógica de "distribuição de riscos".

A sociedade de risco foi impulsionada pela riqueza e pelo crescimento econômico aliados ao desenvolvimento técnico-científico, os quais acabaram por se tornar responsáveis pelos perigos e ameaças que a caracterizam, de forma que não é a crise do capitalismo, mas sim as suas vitórias as responsáveis por essa nova forma social (Beck, 1998).

O conceito de sociedade de risco, portanto, designa um estágio da modernidade em que começam a tomar corpo as ameaças produzidas até então no caminho da sociedade industrial, impondo-se a necessidade de considerar a questão da autolimitação do desenvolvimento que desencadeou essa sociedade. A potenciação dos riscos da modernização caracteriza, assim, a atual sociedade de risco, que está marcada por ameaças e debilidades que projetam um futuro incerto (Beck, 1998).

Beck (2002) separa esse processo de transformação social em duas fases distintas por ele denominadas de primeira e segunda modernidades. Na primeira modernidade, destaca-se a figura dos Estados-nação, em que as relações se dão apenas em plano territorial. Já a segunda modernidade tem por traço característico as consequências imprevistas da primeira modernidade, razão pela qual a ela compete enfrentar os novos desafios (como, por exemplo, a crise ecológica) que ultrapassam as fronteiras do Estado nacional.

Nesse sentido, destaca-se o surgimento de um novo modelo de capitalismo, de economia, de ordem global, de sociedade e, consequentemente, de um novo tipo de vida pessoal, que trazem consigo novas exigências, como a reinvenção da sociedade e da política, visto que, nesse contexto, os próprios riscos constituem a força de mobilização política (Beck, 2002).

Os riscos da contemporaneidade são definidos por Beck (1998) como "riscos da modernização", que se diferenciam dos riscos e perigos da Idade Média justamente pela globalidade de sua ameaça e por serem produto da maquinaria do progresso industrial. Ademais, é intrínseco a esses "novos riscos" um componente *futuro*, ou seja, relacionado com uma previsão de uma destruição/catástrofe que ainda não ocorreu, mas que se revela iminente.

Em preciosa síntese, Beck (1998, p. 29-30) demonstra a arquitetura social e a dinâmica política dos riscos a partir de cinco teses, a saber: a) os riscos gerados pelo processo de modernização são muito diferentes das riquezas, uma vez que eles podem permanecer invisíveis, assim como podem ser transformados, ampliados ou reduzidos conforme os interesses em jogo; b) os riscos contêm um efeito *boomerang*, atingindo também aqueles que os produziram (ninguém está seguro diante deles); c) esses riscos não rompem com a lógica do desenvolvimento capitalista, mas, pelo contrário, são considerados um "grande negócio" na medida em que proporcionam o aumento das necessidades da população (em especial no que diz respeito à questão da segurança[2]); d) em face das situações de risco, o saber adquire um novo significado: nas situações de classe o ser determina a consciência, enquanto que nas situações de risco a consciência determina o ser; e) esses riscos reconhecidos possuem um conteúdo político explosivo: o que até então considerava-se apolítico transforma-se em político.

Na ótica de Bauman (2008, p. 129), o conceito de risco cunhado por Ulrich Beck é insuficiente para traduzir a verdadeira novidade introduzida na condição humana pela globalização (negativa), visto que a ideia de risco só pode partir do pressuposto de uma regularidade essencial do mundo, que permite que os riscos sejam *calculados*. Dessa forma, o conceito de risco de Beck só adquire sentido em um mundo *rotinizado*, ou seja, monótono e repetitivo, "no qual as seqüências causais reapareçam com freqüência e de modo suficientemente comum para que os custos e benefícios das ações pretendidas e suas chances de sucesso e fracasso sejam passíveis de tratamento estatístico e avaliados em relação aos precedentes".

Ocorre, no entanto, que não é esta a realidade do mundo globalizado, razão pela qual Bauman (2008, p. 129-130) propõe a substituição da expressão "sociedade de risco" pela expressão "sociedade da *incerteza*":

---

[2] Ver, nesse sentido, Christie (1998, p.1), que, ao tratar do crescimento da "indústria do controle do crime", refere que ela ocupa uma posição privilegiada na economia contemporânea, haja vista "que não há falta de matéria-prima: a oferta de crimes parece ser inesgotável. Também não tem limite a demanda pelo serviço, bem como a disposição de pagar pelo que é entendido como segurança. E não existem os habituais problemas de poluição industrial. Pelo contrário, o papel atribuído a esta indústria é limpar, remover os elementos indesejáveis do sistema social".

> (...) em um mundo como o nosso, os efeitos das ações se propagam muito além do alcance do impacto rotinizante do controle, assim como do escopo do conhecimento necessário para planejá-lo. O que torna nosso mundo vulnerável são principalmente os perigos da probabilidade *não-calculável*, um fenômeno profundamente diferente daqueles aos quais o conceito de "risco" comumente se refere. *Perigos não-calculáveis aparecem, em princípio, em um ambiente que é, em princípio, irregular*, onde as seqüências interrompidas e a não-repetição de seqüências se tornam a regra, e a anormalidade, a norma. *A incerteza sob um nome diferente.*

Ao contrário dos riscos – que permitem ser computados quanto mais se aproximam espacial e temporalmente dos atores sociais –, as incertezas se expandem e se adensam quanto mais se afastam dos indivíduos (Bauman, 2008). E, com o crescimento da distância *espacial*, "crescem também a complexidade e a densidade da malha de influências e interações", ao passo que a partir do crescimento da distância *temporal*, "cresce também a impenetrabilidade do futuro, aquele outro 'absoluto', notoriamente incognoscível." (Bauman, 2008, p. 131).

Resultado dessas incertezas é que nunca se teve tanto medo e nunca o medo assumiu uma dimensão tão ubíqua. Os medos de hoje

> (...) podem vazar de qualquer canto ou fresta de nossos lares e de nosso planeta. Das ruas escuras ou das telas luminosas dos televisores. De nossos quartos e de nossas cozinhas. De nossos locais de trabalho e do metrô que tomamos para ir e voltar. De pessoas que encontramos e de pessoas que não conseguimos perceber. De algo que ingerimos e de algo com o qual nossos corpos entraram em contato. Do que chamamos "natureza" (pronta, como dificilmente antes em nossa memória, a devastar nossos lares e empregos e ameaçando destruir nossos corpos com a proliferação de terremotos, inundações, furacões, deslizamentos, secas e ondas de calor) ou de outras pessoas (prontas, como dificilmente antes em nossa memória, a devastar nossos lares e empregos e ameaçando destruir nossos corpos com a súbita abundância de atrocidades terroristas, crimes violentos, agressões sexuais, comida envenenada, água ou ar poluídos). (Bauman, 2008, p. 11).

O catálogo dos medos, ressalta Bauman (2008, p. 12), está longe de se esgotar: "novos perigos são descobertos e anunciados quase diariamente, e não há como saber quantos mais, e de que tipo, conseguiram escapar à nossa atenção (e à dos peritos!) – preparando-se para atacar sem aviso". É por isso que, no ambiente líquido-moderno, a vida se transformou em uma constante luta contra o medo, companhia indissociável dos seres humanos, que passam a conviver com aquilo a que o referido autor (2008) denomina "síndrome do Titanic", ou seja, um temor desmedido de um colapso ou catástrofe capaz de pegar a todos despreparados e indefesos e os atingir de forma indiscriminada.

Como consequência inafastável dos cada vez mais fortes sentimentos de insegurança e medo na sociedade contemporânea, tem-se o aumento da preocupação com as novas formas de criminalidade que se apresentam nesta realidade, notadamente as relacionadas ao crime organizado e ao terrorismo, sendo os atentados terroristas ocorridos em Nova Iorque em setembro de 2001 considerados como o estopim dessa nova *doxa* do medo, uma vez que expuseram ao mundo a sua própria fragilidade. Como assevera Bauman (2008, p. 133), o terrorismo demonstrou, de maneira dramática, "o grau de insegurança que sentimos vivendo em um planeta negativamente globalizado e o modo como a 'defasagem moral' [...] torna dificilmente concebível qualquer fuga do estado de incerteza endêmica, da insegurança e do medo que esta alimenta".

De acordo com Navarro (2005, p. 4), esse medo difuso e constante do crime pode ser definido

(...) como la percepción que tiene cada ciudadano de sus propias probabilidades de ser víctima de un delito, aunque también se puede entender como la simple aprensión de sufrir un delito, si atendemos tan solo al aspecto emocional y no a los juicios racionales de esse ciudadano. De hecho, la carga emotiva suele prevalecer, pues, según numerosos estúdios empíricos, el miedo al delito no se relaciona con las posibilidades reales de ser víctima, esto es, no responde a causas objetivas y externas.

É por isso que Silva-Sánchez (1999, p. 25-26) refere que nossa sociedade pode ser definida como a "sociedade da insegurança" ou "sociedade do medo", acrescentando, ainda, que *"la vivencia subjetiva de los riesgos es claramente superior a la propria existência objetiva de los mismos"*.

O medo da criminalidade, em que pese a distância que medeia entre a percepção subjetiva dos riscos e sua existência objetiva, pode ter, de acordo com Navarro (2005), consequências sociais inclusive mais graves que as decorrentes da própria delinquência. Em nível individual, promove alterações de conduta (agressividade, *casmurrismo*) destinadas a evitar a vitimização, o que afeta o estilo e a qualidade de vida dos cidadãos. Já em nível coletivo, as repercussões do medo do crime redundam na redução da interação social, no abandono dos espaços públicos e no rompimento do controle social informal. Em interessante síntese dos estudos até então realizados sobre os efeitos do medo da criminalidade, Medina (2003, p. 3) refere que

> (...) el miedo al delito, a diferencia de la delincuencia real, afecta a un mayor espectro de ciudadanos y sus consecuencias son prevalentes y severas (Warr, 1987; Hale, 1996). Incluso hay quienes han subrayado que el miedo al delito puede ser un problema más severo que la propia delincuencia (Clemente y Kleiman, 1976). Efectivamente, el miedo al delito obliga a los individuos a cambiar sus estilos de vida. Aquellas personas especialmente temerosas del delito deciden refugiarse en sus hogares, protegiéndose com candados, cadenas, barras de seguridad y alarmas. Pero el miedo al delito también tiene importantes repercusiones sociales y económicas. Así, por ejemplo, se ha señalado que genera alienación, promueve el desarrollo de estereotipos nocivos y acelera la ruptura de las redes informales de control social (Conklin, 1975). Esta ruptura de los controles sociales puede tener repercusiones de largo alcance. Skogan (1990) ha demostrado uma viciosa espiral de deterioro comunitario cuando las redes de control social informal se debilitan. El miedo al delito actúa como un agente catalizador que genera conductas que pueden ser muy destructivas para la vida comunitaria y social (Lewis y Salem, 1986), fracturando el sentimiento de comunidad y transformando algunos espacios públicos em áreas que nadie desea visitar.

A ênfase dada aos riscos/perigos da criminalidade na contemporaneidade gera um alarmismo não justificado em matéria de segurança, que redunda no reclamo popular por uma maior presença e eficácia das instâncias de controle social, diante daquilo a que Cepeda (2007, p. 31) denomina de "cultura da emergência". E, neste contexto, o Direito Penal e as instituições do sistema punitivo são eleitos como instrumentos privilegiados para responder eficazmente aos anseios por segurança, o que decorre, segundo Díez Ripollés (2007), do entendimento de que a sua contundência e capacidade socializadora são mais eficazes na prevenção aos novos tipos delitivos do que medidas de política social ou econômica, ou, ainda, de medidas decorrentes da intervenção do Direito Civil ou Administrativo.

Trata-se, na visão de Silva-Sánchez (1999), de uma canalização irracional das demandas sociais por mais *proteção* como demandas por *punição*, o que de certa forma até pode ser visto como *razoável*, dado que em um mundo onde as dificuldades de orientação *cognitiva* são cada vez maiores, a busca por elementos de orientação *normativa* – e o Direito Penal, nesse caso, dada a compreensão *supra* referida por Díez Ripollés, assume especial relevância – se converte quase que em uma obsessão.

Com isso,

(...) en medida creciente, la *seguridad* se convierte en una pretensión social a la que se supone que el Estado, y en particular, el Derecho penal deben dar respuesta. Al afirmar esto, no se ignora que la referencia a la seguridad se contiene ya nada menos que en el artículo 2 de la Declaración de los derechos del hombre y ciudadano de 1789. (Silva Sánchez, 1999, p. 29).

Não obstante esta constatação, o controle e a vigilância são construídos socialmente como *obsessões*, e a busca pela segregação de grupos de risco, a fortificação e a exclusão são vistos como *urgências*. Isso pode ser analisado como respostas construídas ao medo enquanto sentimento fundamental de compreensão da realidade contemporânea, devendo-se atentar para o fato de que essa utilização do medo e da insegurança tende tão somente a aumentá-los (Cepeda, 2007).

A partir destas considerações, torna-se possível afirmar, de acordo com Díez Ripollés (2007), que o debate sobre o Direito Penal na sociedade contemporânea assenta-se sobre algumas constatações acerca da nova realidade social, as quais são por ele sintetizadas em três blocos: o primeiro bloco de constatações diz respeito à generalização, na sociedade moderna, dos já referidos "novos riscos", "afectantes a amplios colectivos, y que podrían ser calificados como artificiales en cuanto producto de nuevas actividades humanas, en concreto, serían consecuencias colaterales de la puesta em práctica de nuevas tecnologias en muy diversos ámbitos sociales" (p. 132-133); o segundo bloco é composto pela constatação de que é cada vez mais difícil atribuir a responsabilidade por tais riscos a pessoas individuais ou coletivas, ou seja, "se hacen ineludibles criterios de distribución de riesgos que no satisfacen plenamente las exigencias de imputación de responsabilidad" (p. 133); por fim, no terceiro bloco de constatações, encontra-se o grande sentimento de insegurança que os dois blocos de constatações anteriores geram na população em geral.

A política criminal que se apresenta no sentido de dar respostas aos riscos da sociedade contemporânea possui alguns traços característicos que são sintetizados por Díez Ripollés (2007) em: a) uma considerável ampliação dos âmbitos sociais passíveis de intervenção penal, a qual passa a abarcar tanto as novas realidades sociais problemáticas quanto as realidades preexistentes cuja vulnerabilidade é potencializada; b) uma significativa transformação dos objetivos e do campo de atuação da política criminal, que passa a se preocupar majoritariamente com a criminalidade dos poderosos, únicos capazes de desenvolver as novas formas delitivas e que até então dificilmente entravam em contato com o sistema punitivo; c) a proeminência que é dada à intervenção punitiva em detrimento de outros instrumentos de controle social; d) a necessidade de "adequar" os conteúdos do Direito Penal e Processual Penal às dificuldades ínsitas à persecução às novas formas assumidas pela criminalidade, o que perpassa por um processo de "atualização" dos instrumentos punitivos no sentido de torná-los mais eficazes.

Nesse contexto, o Direito Penal se expande e se rearma como resposta ao medo, sendo possível destacar algumas características essenciais que passa a assumir. A primeira dessas características é uma maior identificação/solidarização da coletividade com as vítimas, em decorrência do medo de tornar-se uma delas. Com isso, deixa-se de ver no Direito Penal um instrumento de defesa dos cidadãos em face do arbítrio punitivo estatal – ou seja, como Magna Carta do delinquente – e passa-se a percebê-lo como Magna Carta da vítima, o que redunda em um consenso restritivo quanto aos riscos permitidos, dado que o sujeito que se considera enquanto vítima potencial de um delito não aceita a consideração de determinados riscos como permitidos. Isso resulta em uma definição social-discursiva expansiva do âmbito de incidência do Direito Penal, visto que a identificação social com as vítimas da criminalidade implica na reivindicação por maior eficiência na sua aplicação e/ou na reparação dos efeitos do delito (Silva Sánchez, 1999).[3]

Uma segunda característica, decorrente da anterior, é a *politização* do Direito Penal por meio da utilização política da noção de segurança, resultado de um empobrecimento ou simplificação do discurso político-criminal, que passa a ser orientado tão somente por campanhas eleitorais que oscilam ao sabor das demandas conjunturais midiáticas e populistas, em detrimento de programas efetivamente emancipatórios (Cepeda, 2007).

Outra característica que merece destaque é a cada vez maior instrumentalização do Direito Penal no sentido de evitar que os ris-

---

[3] Silva Sánchez (1999) destaca, nesse sentido, o papel desempenhado pelas associações de vítimas e pelas ONG's enquanto "gestoras atípicas da moral" que encabeçam movimentos que pugnam pela expansão punitiva para a proteção dos interesses que defendem (ecologistas, feministas, consumidores, etc). Sobre o papel das ONG's e das associações Cepeda (2007, p. 311) refere que elas "actúan como *lobbies* de presión frente a los gobiernos, pero también sensibilizan a la opinión pública sobre determinadas situaciones que hasta el momento de forma interesada se mantienen invisibles".

cos se convertam em situações concretas de perigo. Surgem leis penais *preventivas* para evitar o reproche da inatividade política diante dos riscos, visto que "el Derecho penal preventivo es un medio ideal de consolación política, una carta de presentación para demostrar que aparentemente existe una actividad política. Ya ninguna política prescinde de el en su arsenal de recursos." (Albrecht, 2000, p. 483).

Com efeito, o componente *futuro* é marcante na ideia de risco, visto que é com base nele e na sua incalculabilidade que as ações presentes devem ser determinadas: a ameaça futura é o centro da consciência em relação aos riscos. Assim, no lugar de um Direito Penal que reacionava *a posteriori* contra um feito lesivo individualmente delimitado, surge um Direito Penal de gestão punitiva dos riscos em geral, tornando-se possível falar em um processo de *administrativização* do Direito Penal, que traz em seu bojo uma supervalorização e o consequente incremento punitivo de infrações de deveres de cuidado, de forma a dar resposta não só aos delitos de perigo abstrato, mas também aos chamados delitos de acumulação,[4] no marco da luta contra as novas formas de criminalidade (Silva Sánchez, 1999).

Cepeda (2007) salienta, a propósito, que se vive na sociedade de risco uma autêntica "cultura preventiva", na qual a prevenção acompanha o risco como uma sombra, desde os âmbitos mais cotidianos até os de maior escala, cujo exemplo maior são as guerras preventivas. Para a referida autora (2007, p. 321),

> (...) parece que hoy la preocupación social no es tanto cómo obtener lo que se desea, sino cómo prevenir de daños lo que se tiene. Esto desemboca en una intervención penal desproporcionada, en la que resulta priorita únicamente la obtención del fin perseguido, la evitación del riesgo en el "ámbito previo" a la lesión o puesta em peligro, adelantando la intervención penal, o general, suprimiendo garantías en busca de la presunta eficacia.

---

[4] Os delitos de acumulação são aqueles que, enquanto condutas individuais, não causam, por si sós, lesão ou perigo a bens jurídicos, mas que, considerados em conjunto – ou seja, se praticados por outros sujeitos –, conduzem a uma situação de lesão ao bem jurídico tutelado. Segundo Silva Sánchez (1999, p. 108-109), trata-se, aqui, "de casos en que la conducta individualmente considerada no muestra un riesgo relevante (es '*harmless*'), mientras que, por outro lado, se admite que '*general performance would be harmful*' y que dicha realización por una pluralidad de personas no constituye simplemente una hipótesis, sino que es una realidad actual o inminente".

Este adiantamento da intervenção do Direito Penal ao estágio prévio à lesão do bem jurídico é um dos traços mais marcantes da nova *doxa* punitiva. Na lição de Cepeda (2007, p. 313), configura-se uma legislação penal no pretérito imperfeito do subjuntivo, a partir da qual "los comportamientos que se van a tipificar no se consideran previamente como socialmente inadecuados, al contrario, se criminalizan para que sean considerados como socialmente desvalorados". Com isso, há uma revitalização da ideia do Direito Penal enquanto força conformadora de costumes, ou seja, passa-se a ver no Direito Penal um mecanismo de orientação social de comportamentos.

Para adiantar a intervenção punitiva são utilizadas estruturas típicas de mera atividade, ligadas aos delitos de perigo abstrato, em detrimento de estruturas que exigem um resultado material lesivo (perigo concreto).[5] Nesse sentido,

> (...) se generaliza el castigo de actos preparatórios específicamente delimitados, se autonomiza la punición de la asociación delictiva, cuando no se integra ésta dentro de las modalidades de autoria y participación, ademáis se aproximan, hasta llegar a veces e neutralizarse, las diferencias entre autoria y participación, entre tentativa y consumación, de la misma manera se considera razonable uma cierta flexibilización de los requisitos de la causalidad o de la culpabilidad. (Cepeda, 2007, p. 332).

Paralelamente à antecipação da intervenção punitiva, verifica-se um desapreço cada vez maior pelas formalidades e garantias penais e processuais penais características do Direito Penal liberal, que passam a ser consideradas como "obstáculos" à eficiência que se espera do sistema punitivo diante da insegurança da contemporaneidade. Silva Sánchez (1999, p. 55-56) refere que

> (...) desde la presunción de inocencia y el principio de culpabilidad, a las reglas del debido proceso y la jurisdiccionalidad, pasando por la totalidad de los conceptos de la teoría del delito, el conjunto de principios y garantías del Derecho penal se contemplan como sutilezas que se oponen a una solución real de los problemas.

Com efeito, a partir do fenômeno expansivo vivenciado pelo Direito Penal, além do incremento dos comportamentos elevados à categoria delitiva por meio da antecipação da intervenção punitiva

---

[5] Hassemer (1999, p. 55) assinala que os delitos de perigo abstrato ampliam o âmbito de aplicação do Direito Penal, pois, ao prescindir do prejuízo, prescinde-se também de demonstrar a causalidade. Basta somente provar a realização da ação incriminada, cuja periculosidade não tem que ser verificada pelo juiz, já que foi o motivo que levou o legislador a incriminá-la. O trabalho do juiz fica assim extraordinariamente facilitado.

ao estágio prévio à efetiva lesão dos bens jurídicos, verifica-se um processo de flexibilização das garantias político-criminais materiais e processuais, mediante o desrespeito ao princípio da legalidade penal, a redução das formalidades processuais, a violação ao princípio da taxatividade[6] na elaboração dos tipos penais, a violação ao princípio da culpabilidade, etc.

Atenta a esta realidade, Cepeda (2007, p. 330-331) assevera que

> (...) aparecen significativas modificaciones en el sistema de imputación de responsabilidad y en el conjunto de garantías penales e procesales, en la medida en que se admiten ciertas perdidas en el principio de seguridad jurídica derivadas de la menor precisión en la descripción de los comportamientos típicos y del uso frecuente de la técnica de las leyes penales en blanco, que confia la delimitación del ámbito de lo prohibido a la normativa administrativa, con el consiguiente vaciamiento de la antijuridicidad, que pasa a ser puramente formal; se hace una interpretación generosa de la lesividad real o potencial de ciertos comportamientos, como en la punición de determinadas tenencias o en el castigo de desobediencias.[7]

São estas as principais características que o Direito Penal orientado ao enfrentamento aos novos riscos, medos e inseguranças da contemporaneidade apresenta, o que acena para o fato de que se está diante da configuração de um modelo de intervenção punitiva que representa um sério risco às liberdades e garantias fundamentais do cidadão. Para que se possa melhor compreender essa "flexibilização" do referido sistema de garantias e liberdades fundamentais em face da intervenção do Direito Penal, é importante assinalar que

---

[6] Ferreres Comella (2002, p. 21) assinala que o princípio da taxatividade não é outra coisa senão a exigência de que os textos em que se prevêem as normas sancionadoras descrevam com suficiente precisão as condutas que estão proibidas e quais as sanções que serão impostas às pessoas que nela incorrerem.

[7] Da mesma forma assevera Díez Ripollés (2007, p. 137), que "se admiten ciertas perdidas en el principio de seguridad jurídica derivadas de la menor precisión en la descripción de los comportamientos típicos y del uso frecuente de la técnica de las leyes penales en blanco; se hace una interpretación generosa de la lesividad real o potencial de ciertos comportamientos, como en la punición de determinadas tenencias o en el castigo de apologías; se considera razonable una cierta flexibilización de los requisitos de la causalidad o de la culpabilidad; se aproximan, hasta llegar a veces a neutralizarse, las diferencias entre autoría y participación, entre tentativa y consumación; se revaloriza el principio de disponibilidad del proceso, mediante la acreditación del principio de oportunidad procesal y de las conformidades entre las partes; la agilidad y celeridad del procedimiento son objetivos lo suficientemente importantes como para conducir a una significativa reducción de las posibilidades de defensa del acusado... etc.".

dito processo expansivo do Direito Penal coincide com o processo de enxugamento do Estado social diante do avanço das reformas neoliberais, como se demonstrará a seguir.

1.2. Lei e ordem: a substituição do Estado social pelo Estado penal

O contexto social no qual se produzem os novos sentimentos de insegurança e consequente expansão do Direito Penal coincide com o desmantelamento do Estado de Bem-Estar, que redunda em uma desigualdade social que cada vez mais se agudiza. O processo de globalização coloca-se como o contraponto das políticas do *Welfare State*, visto que representa uma lógica altamente concentradora, responsável pela exclusão de grandes contingentes populacionais do mundo econômico, pelo desemprego e pela precarização do mercado de trabalho.

Como destaca Faria (1997) os ganhos da produtividade são obtidos à custa da degradação salarial, da informatização da produção e do subsequente fechamento dos postos de trabalho convencional, o que resulta em uma espécie de *simbiose* entre a marginalidade econômica e a marginalidade social.

Com efeito, uma das principais consequências da globalização, apontada por Cepeda (2007), é justamente o surgimento de um "mundo mercantil" onde as pessoas pertencem ou não a uma única classe, qual seja, a classe *consumidora*. Bauman (1999) atribui dita polarização social em consumidores/não consumidores ao fato de que, ao contrário da sociedade predecessora, qual seja, a sociedade moderna, a sociedade da segunda modernidade – usando-se a classificação de Ulrich Beck – não engaja seus membros como "produtores" ou "soldados", visto que ela prescinde de mão de obra industrial em massa ou de exércitos recrutados. É por isso que o engajamento de seus cidadãos, na contemporaneidade, se dá na condição de *consumidores*. Assim, a maneira por excelência da sociedade atual moldar seus membros é ditada pela capacidade destes em desempenhar o papel de consumidores.

Na realidade contemporânea, com o advento das novas tecnologias de produção, prescinde-se dos "corpos dóceis" aos quais se referia Foucault (1987) para o trabalho que outrora era realizado exclusivamente por meio da força física. Com isso, enormes contingentes humanos tornaram-se, de uma hora para outra, "corpos supérfluos"[8] absolutamente disfuncionais para o sistema produtivo, eis que não suficientemente qualificados para operar estas novas tecnologias ou porque sua força de trabalho tornou-se de fato absolutamente desnecessária.[9]

No entanto, deve-se levar em consideração o fato de que

> (...) todo mundo pode ser *lançado* na moda do consumo; todo mundo pode *desejar* ser um consumidor e aproveitar as oportunidades que esse modo de vida oferece. Mas nem todo mundo *pode* ser um consumidor. Desejar não basta; para tornar o desejo realmente desejável e assim extrair prazer do desejo, deve-se ter uma esperança racional de chegar mais perto do objeto desejado. Essa esperança, racionalmente alimentada por alguns, é fútil para muitos outros. Todos nós estamos condenados à vida de opções, mas nem todos temos os meios de ser optantes. (Bauman, 1999, p. 93).

Nessa lógica, ou o indivíduo é um consumidor, ou não é levado em consideração nas relações jurídico-econômicas. A capacidade de consumir se converte em um critério de integração ou exclusão social, gerando polarização e assimetrias. É justamente em virtude disso que as desigualdades globais são cada vez mais evidentes, criando dois novos *status* de seres humanos: os *incluídos* em uma economia globalizada e flexibilizada, por um lado, e os *apátridas*, carentes de identidade como consequência de sua falta de competência ou de sua impossibilidade para alcançar os mercados de consumo, por outro. Nessa lógica, o mercado se converte no grande igualador e separador da sociedade (Cepeda, 2007).

---

[8] A expressão é utilizada por Bauman (2005, p. 55-56), segundo o qual a produção de corpos não mais exigidos para o trabalho (e portanto supérfluos), é consequência direta da globalização. Com isso, "a peculiaridade da versão globalizada da 'superpopulação' é a maneira como ela combina, com grande rapidez, a crescente desigualdade com a exclusão dos 'corpos supérfluos' do domínio da comunicação social. 'Para os que caem fora do sistema funcional, seja na Índia, no Brasil ou na África, ou mesmo, hoje, em alguns distritos de Paris ou Nova York, todos os outros logo se tornam inacessíveis. Suas vozes não serão mais ouvidas, e muitas vezes eles são literalmente emudecidos'".

[9] Nesse sentido Dornelles (2008, p. 29) afirma que "a flexibilização e precarização nas relações de trabalho criaram uma nova subjetividade que apaga a memória e a consciência de classe, onde o trabalhador assalariado substitui a consciência coletiva pelo agradecimento por estar inserido no mercado".

Essa nova polarização social resulta na dicotomia "aqueles que produzem risco" *versus* "aqueles que consomem segurança", o que implica uma atualização do antagonismo de classes. E o modelo de controle social que se impõe, nesse contexto, é o de exclusão de uma parte da população que não tem nenhuma *funcionalidade* para o modelo produtivo e que, por isso, constitui uma fonte permanente de riscos (Cepeda, 2007).[10]

Isso porque a já referida simbiose marginalidade econômica/social obriga o Estado a concentrar sua atuação na preservação da segurança e da ordem internas. Com isso, os marginados perdem progressivamente as condições materiais para o exercício dos direitos humanos de primeira geração e para exigir o cumprimento dos de segunda e terceira gerações. Eles se tornam "descartáveis", vivendo sem leis protetoras garantidas efetivamente e, condenados à marginalidade socioeconômica e a condições hobbesianas de existência, não mais aparecem como detentores de direitos públicos subjetivos. Mas isso não significa que serão dispensados das obrigações estabelecidas pelo Estado: este os mantém vinculados ao sistema jurídico por meio de suas normas penais. Nesse contexto, as instituições judiciais do Estado assumem funções eminentemente punitivo-repressivas, em detrimento da proteção dos direitos civis e políticos e da garantia da eficácia dos direitos sociais (Faria, 1997).

É neste contexto que se desenvolvem e se legitimam campanhas político-normativas de Lei e Ordem que se fundamentam na hipersensibilização de alarmes sociais específicos e constituem "políticas basadas en la represión férrea aplicada a ciertos espacios ciudadanos, la dureza de las sanciones, uns cierta permisividad a la rudeza policial y en la búsqueda de la eficacia fundada en principios de represión/reactividad." (Cepeda, 2007, p. 50).

Essas políticas se concentram mais nas consequências do que nas causas da criminalidade, e são responsáveis pelo surgimento de "nuevas estrategias defendidas por la nueva criminología administrativa que pretenden la aplicación de una política de segregación represiva y punitiva de las poblaciones de riesgo." (Cepeda, 2007, p. 50).

Dessa forma, o propalado êxito do programa de combate ao crime através da "tolerância zero" a toda e qualquer infração penal, antes da redução da criminalidade supostamente verificada a partir

---

[10] Ver, nesse sentido, Bauman (2005).

de sua aplicação, deve-se ao fato de que ele constitui a atitude em termos de repressão penal que melhor se amolda ao contexto mundial de enfraquecimento do Estado de bem-estar social diante do modelo de Estado mínimo neoliberal, onde se pretende "remediar com um 'mais Estado' policial e penitenciário o 'menos Estado' econômico e social que é a *própria causa* da escalada generalizada da insegurança objetiva e subjetiva em todos os países, tanto do Primeiro como do Segundo Mundo." (Wacquant, 2001, p. 7).

Referidos programas de combate ao crime buscam suporte teórico na chamada "Teoria das Janelas Quebradas" (*Broken Windows Theory*), formulada originariamente pelos norte-americanos James Q. Wilson e George Kelling, em artigo publicado em 1982 na Revista *Atlantic Monthly*, intitulado *"Broken Windows: the police and neighborhood safety"*, sustentada por Wesley G. Skogan em estudo publicado em 1990 sob o título *"Disorder and decline: crime and the spiral decay in american neighborhoods"* e aperfeiçoada, posteriormente, no livro *"Fixing Broken Windows: Restoring Order and Reducing Crime in Our Communities"*, publicado em 1996 por George Kelling e Catherine Coles (Wacquant, 2001).

De acordo com a teoria em comento, desordem e crime estão ligadas em um tipo de desenvolvimento sequencial, ou seja, os grandes crimes são o último elo de uma cadeia causal cujo germe é a delinquência dita "de rua", ocasionada pelos *desordeiros* (pichadores, pedintes, prostitutas, responsáveis por pequenos furtos, etc.). O combate à criminalidade, destarte, perpassa pela eliminação das pequenas infrações cometidas no dia-a-dia, pois "é lutando passo a passo contra os pequenos distúrbios cotidianos que se faz recuar as grandes patologias criminais." (Wacquant, 2001, p. 25).

A alegoria das "janelas quebradas" é utilizada para exemplificar a teoria: se uma pessoa quebra a janela de um edifício e nada é feito no sentido de consertá-la, as outras pessoas que gostam de quebrar janelas que por ali passarem, vendo que ninguém se importa com suas atitudes, passarão elas também a quebrar as outras janelas do prédio, de forma que, como resultado, ter-se-ia um sentimento geral de decadência, propício ao desenvolvimento da criminalidade, razão pela qual toda e qualquer infração penal, por ínfima que seja, deve ser reprimida sem complacência, sob pena de se transmutar, no futuro, em um crime maior.

Tendo por base a sobredita teoria, o programa de "tolerância zero" no combate à criminalidade foi pioneiramente implementado na cidade de Nova Iorque a partir da década de 1990, durante o mandato do prefeito Rudolph Giuliani.[11] Para tanto, Giuliani promoveu o fortalecimento da polícia, aumentando consideravelmente o número de policiais nas ruas, modernizando os equipamentos por eles utilizados e atribuindo-lhes novas prerrogativas no desempenho de suas funções, como a fiscalização ativa das zonas da cidade consideradas "de perigo" e a implementação de um sistema informatizado de controle dos índices de criminalidade. O resultado obtido – amplamente divulgado pela mídia em todo o mundo – foi uma considerável queda dos índices de criminalidade na capital dos Estados Unidos, o que proporcionou um verdadeiro "retorno à ordem" depois do caos (Wacquant, 2001).

Não obstante o fato de que esta redução da criminalidade em Nova Iorque no período em tela deva ser vista com cautela, por vez que não se deve tão somente à aplicação da "tolerância zero" – haja vista que já vinha sendo observada nos três anos que precederam a sua implementação e que também foi observada em cidades que não a aplicaram, a exemplo de Boston, Chicago e San Diego (Wacquant, 2001) –, o alarde midiático criado em torno do êxito da "nova" forma de combate ao crime fez com que Nova Iorque passasse a ser vista como paradigma no enfrentamento da delinquência, e a tolerância zero, panaceia universal no mercado da segurança pública, passando a ser "exportada" para outros países, onde ganhou lugar de destaque nos discursos políticos.

Entretanto, segundo Wacquant (2001), a aplicação da "tolerância zero", ao contrário do que os seus defensores pretendem fazer crer, não possui nenhuma ligação com qualquer teoria criminológica. O que se busca, na verdade, é tão somente "mascarar" a famigerada arbitrariedade policial com um discurso dotado de credibilidade. Refere o predito autor (2004, p. 246) que

---

[11] De acordo com Wacquant (1999, p. 46), o programa de "tolerância zero" pode ser visto como derivado do tema securitário da lei e ordem, introduzido nos EUA por Nixon durante a campanha presidencial de 1968 e que forneceu um *leitmotiv* eleitoral tanto mais apreciado porque permitiu "exprimir em um idioma de aparência cívica – garantir a segurança e a tranqüilidade dos cidadãos – a rejeição às reivindicações negras [mobilizações dos negros em prol da igualdade civil] e, por conseguinte, exorcizar o espectro ameaçador da 'integração'".

> (...) a famosa "janela quebrada", de fato, só foi descoberta e inventada pelos oficiais nova-iorquinos *a posteriori*, a fim de envolver, com roupagem racional,[12] medidas populares junto ao eleitorado (em sua maioria, branco e burguês), mas essencialmente discriminatórias, tanto em seu princípio como em sua aplicação, e fazer uma volta inovadora ao que é apenas retorno a uma velha receita policial, periodicamente recolocada em funcionamento, e ao gosto do dia.

Com efeito, na medida em que o Estado busca eximir-se de suas tarefas enquanto agente social de bem-estar, surge a necessidade de novas iniciativas do seu aparato repressivo em relação às condutas transgressoras da "ordem" levadas a cabo pelos grupos que passam a ser considerados "ameaçadores". Paralelamente a isso, tornam-se necessárias medidas que satisfaçam às demandas por segurança das classes ou grupos sociais que se encontram efetivamente inseridos na nova lógica social.

Torna-se, assim, possível a afirmação de que ditas campanhas punitivas constituem, antes de tudo, um mecanismo hábil de controle social e racial, que opera através de uma estratégia de substituição das instituições de assistência às classes pobres – típicas do *Welfare State* – por estabelecimentos penais. Ou seja, a seletividade sociorracial no âmbito penal constitui uma das armas de que o Estado neoliberal abre mão para manter sob controle a população economicamente hipossuficiente, a qual, abandonada pelo Estado (mínimo em se tratando dos setores social e econômico), busca através da delinquência a satisfação de seus desejos de consumo – largamente instigados pela mídia – e, consequentemente, de equiparação à população inserida no mercado.

O escopo deste controle, portanto, é justamente garantir a segurança daqueles que participam ativamente da sociedade de consumo, de forma a livrá-los da presença indesejável da pobreza que incomoda, qual seja, "a que se vê, a que causa incidentes e desordens no espaço público, alimentando, por conseguinte, uma difusa sensação de insegurança, ou simplesmente de incômodo tenaz e de inconveniência." (Wacquant, 2001, p. 30).

Do até aqui exposto se infere que, através da seletividade sociorracial inerente às ideologias repressivistas, visa-se tão somente

---

[12] Cumpre ressaltar, aqui, que a versão original da teoria das janelas quebradas foi publicada não em uma revista de criminologia submetida à avaliação de pesquisadores, mas sim sob a forma de um texto de apenas nove páginas, publicado em um semanário cultural, qual seja, a já mencionada revista *Atlantic Monthly* (Wacquant, 2004).

ao controle da miséria através de sua gestão penal, o que pode ser compreendido como consectário de uma nova compreensão do papel do Estado no setor econômico-social, bem explicitado nas teorias dos cientistas políticos americanos Charles Murray e Lawrence Mead, grandes difusores – primeiramente nos Estados Unidos e depois em outros países "importadores" da tolerância zero –, da necessidade de superação do *Welfare State*. Charles Murray, por defender a tese de que a generosidade do Estado de bem-estar social no trato com a população carente seria a principal responsável pelo crescimento da pobreza, por recompensar a inatividade dos beneficiários das políticas públicas, conduzindo-os a um processo de degenerescência moral. Lawrence Mead, por sua vez, ao sustentar a tese de que o *Welfare State* norte-americano fracassou não pelo fato de ser muito *generoso*, mas sim por ser muito *permissivo* e não impor obrigações de comportamento a seus beneficiários (Wacquant, 2001).

Assim, deve ser atribuído a Lawrence Mead o mérito de

(...) ver e fazer ver que a generalização do trabalho precário – que alguns apresentam como uma "necessidade econômica", decerto lamentável em alguns aspectos, mas ideologicamente neutra e, em todo caso, materialmente inelutável – repousa na verdade sobre o uso direto da coação política e participa de um projeto de classe. Esse projeto requer não a destruição do Estado como tal, para substituí-lo por uma espécie de Éden liberal do mercado universal, mas a *substituição de um Estado-providência "materialista" por um Estado punitivo "paternalista"*, único capaz de impor o trabalho assalariado dessocializado como norma societal e base da nova ordem polarizada de classes. (Wacquant, 2001, p. 44).

O Estado punitivo paternalista preconizado deve buscar combater a passividade das classes economicamente desprivilegiadas ao impor-lhes obrigações, dirigindo suas vidas e, assim, livrando o resto da sociedade de seus inconvenientes, dentre os quais a mendicância, a desordem e, na sequência, a criminalidade. Ou seja, o poder configurador da realidade social deve ser o principal poder exercido pelo sistema penal, sendo que o poder repressivo deve ser exercido – sempre – contra os que resistirem à ordem almejada pelo primeiro, apartando-os da convivência com os "adaptados". Daí a revalorização da pena de prisão.

Ressaltando a diferença entre os papéis assumidos pela prisão na contemporaneidade e na época do seu surgimento enquanto sanção penal, Bauman (1999) revela que, nos moldes de Bentham, fossem quais fossem seus outros propósitos imediatos, as casas panópticas de confinamento eram antes e acima de tudo *fábricas de trabalho disciplinado*. No entanto, esta busca por reintegração punitiva do apenado só faz sentido quando há trabalho a fazer. Ocorre que, na contemporaneidade, o capital, outrora ansioso em absorver quantidades de trabalho cada vez maiores,

> (...) reage com nervosismo às notícias de que o desemprego está diminuindo; através dos plenipotenciários do mercado de ações, ele premia as empresas que demitem e reduzem os postos de trabalho. Nessas condições, o confinamento não é nem escola para o emprego nem um método alternativo compulsório de aumentar as fileiras da mão-de-obra produtiva quando falham os métodos "voluntários" comuns e preferidos para levar à órbita industrial aquelas categorias particularmente rebeldes e relutantes de "homens livres". Nas atuais circunstâncias, o confinamento é antes *uma alternativa ao emprego*, uma maneira de utilizar ou neutralizar uma parcela considerável da população que não é necessária à produção e para a qual não há trabalho "ao qual se reintegrar". (Bauman, 1999, p. 118-119).

Na prática, portanto, o que a "tolerância zero" visa é à retirada das ruas e à posterior neutralização daquela parcela da população que se mostra insubmissa frente aos desígnios da configuração neoliberal do Estado, uma vez que a considera responsável pela desordem social e pela criminalidade que abala a classe que se adapta à lei do capital. Verifica-se, assim, como consequência da implementação da "tolerância zero", o estabelecimento de uma simbiose estrutural e funcional entre o gueto e a prisão, onde "as duas instituições se interpenetram e se completam na medida em que ambas servem para garantir o confinamento de uma população estigmatizada por sua origem étnica e tida como supérflua tanto no plano econômico como no plano político." (Wacquant, 1999, p. 48).

Para Wacquant (2001), esta integração gueto/prisão bem serve para ilustrar a função atribuída ao sistema penal pelas políticas de Lei e Ordem, qual seja, a de *isolar* e *neutralizar* a população que de nada serve à configuração atual da sociedade. Como aduz Bauman (1999, p. 121-122),

> (...) o que sugere a acentuada aceleração da punição através do encarceramento, em outras palavras, é que há novos e amplos setores da população visados por uma razão ou outra como uma ameaça à ordem social e que sua expulsão forçada do intercâmbio social através da prisão é vista como um método eficiente de neutralizar a ameaça ou acalmar a ansiedade pública provocada por essa ameaça.

Nesse sentido, torna-se possível a afirmação de que, se os campos de concentração "serviram como laboratórios de uma sociedade totalitária nos quais foram explorados os limites da submissão e servidão" e se as prisões panópticas "serviram como laboratórios da sociedade industrial nos quais foram experimentados os limites da rotinização da ação humana", as prisões contemporâneas constituem "laboratórios da sociedade globalizada", ou seja, locais onde "são testadas as técnicas de confinamento espacial do lixo e do refugo da globalização e explorados os seus limites." (Bauman, 1999, p. 120).

Nesse contexto, passa-se a adotar a responsabilidade individual como mecanismo de "escolha" dos clientes do sistema penal, em detrimento da análise das causas da criminalidade através do ponto de vista sociológico, ao qual é reservada a alcunha de "desresponsabilizante". As causas coletivas da criminalidade são

> (...) relegadas ao nível de "desculpas" a fim de melhor justificar sanções individuais, que, estando seguras de não ter influência sobre os mecanismos geradores de comportamentos delinqüentes, são incapazes de ter outras funções senão a de reafirmar a autoridade do Estado no plano simbólico (com vistas a objetivos eleitorais) e reforçar seu setor penal no plano material, em detrimento de seu setor social. (Wacquant, 2001, p. 62).

Como aduz Garland (2005), em um contexto tal, o crime passa a funcionar como legitimação retórica para políticas econômicas e sociais que punem a pobreza, dentro de um contexto de Estado disciplinador. Ao invés de indicar privação social, o crime passa a ser visto como um problema de indisciplina, de falta de autocontrole ou de controle social deficiente, ou seja, como produto da lassidão na aplicação da lei, assim como de regimes punitivos lenientes, que abrem espaço para indivíduos perversos optarem, de forma racional, pela via delitiva para satisfazerem as necessidades de suas personalidades antissociais.

Fala-se, aqui, em uma "teoria da escolha racional", que revive uma explicação meramente utilitária da conduta criminosa:

> (...) el modelo da la elección racional considera los actos delictivos como una conducta calculada que intenta maximizar los benefícios, como consecuencia de un proceso simple de elección individual. Este modelo representa el problema del delito como una cuestión de oferta y demanda, en el marco de la cual el castigo opera como un mecanismo de establecimiento de precios. Considera a los delincuentes como oportunistas racionales o delincuentes profesionales cuya conducta es disuadida o desinhibida por la puesta en marcha de desincentivos, un enfoque que hace da las penalidades disuasivas un mecanismo evidente de reducción del delito. (Garland, 2005, p. 220).

Não há, portanto, discutir os motivos que levam alguém a delinquir, uma vez que "a justiça está aí para punir os culpados, indenizar os inocentes e defender os interesses dos cidadãos que respeitam a lei." (Murray *apud* Wacquant, 2001, p. 50). Nesse contexto, salienta Faria (1997) que a concepção do Direito Penal como *ultima ratio* é radicalmente alterada, de forma a torná-lo mais abrangente, rigoroso e severo com o escopo de disseminar o medo e o conformismo em seu público-alvo.

Nesse ponto, revela-se o aspecto mais frágil da Teoria das Janelas Quebradas: são criadas categorias de delinquentes para serem perseguidos pelo sistema, no entanto, não existe nenhuma preocupação com a reabilitação dos mesmos, mas tão somente com a sua punição e exclusão do tecido social, o que faz com que a ideia de "tolerância zero", consectário maior da sobredita teoria, seja "marcada pelo excesso do soberano e desumanidade das penas; um funcionalismo bipolar, um tudo ou nada; culpado ou inocente; um sistema binário, muito a gosto de uma pós-modernidade reducionista e maniqueísta." (Carvalho; Coutinho, 2003, p. 7). Isto redunda no fato de que a "tolerância zero" joga nas malhas do sistema penal um número cada vez mais elevado de pequenos delinquentes que, uma vez cumprida a pena a que são condenados, retornam às ruas sem que o poder público tenha empreendido nenhum esforço no sentido de mudar suas condições de vida, de forma a evitar a reincidência (Belli, 2005).

Além da seletividade e do fato de não esclarecer quais as possíveis soluções – definitivas e não meramente paliativas (como é o caso da segregação social do "desordeiro") – para o problema da criminalidade, a Teoria das Janelas Quebradas também demonstra o seu caráter falacioso a partir do atravancamento das agências do sistema penal ocasionado a partir da sua implementação. Isto porque o sistema penal não dispõe de capacidade operacional para atuar de acordo com o planificado pelos discursos repressivistas. No caso específico do Poder Judiciário, refere Wacquant (2001) que a implementação da "tolerância zero" em Nova Iorque foi responsável por uma sobrecarga sem precedentes dos órgãos jurisdicionais, uma vez que o alto número de pessoas detidas e julgadas por pequenas infrações penais veio a dificultar o trabalho dos juízes e, muitas vezes, a frustrar até mesmo todo o trabalho da polícia em sua cruzada implacável contra o crime, haja vista que muitos acusados acabam por escapar "impunes".

A questão do atravancamento do Judiciário só é superada pela superlotação das penitenciárias. Na Nova Iorque da tolerância zero, além do crescimento do número de prisões efetuadas após o trânsito em julgado de sentença penal condenatória,

> (...) um número considerável e incessantemente crescente de detenções e prisões se efetivou sem motivo judiciário: assim, sobre 345.130 detenções operadas em 1998 – número que, fato inédito, é superior ao número total de crimes e delitos oficialmente registrados pelas autoridades naquele ano, ou seja, 326.130 –, 18.000 foram anuladas pelo procurador antes mesmo que as pessoas presas passassem diante de um juiz, e 140.000 outras foram declaradas sem motivo pela corte. (Wacquant, 2001, p. 38).

No que diz respeito às prisões pós-trânsito em julgado de sentença condenatória, pesquisas apontadas por Wacquant (2001) revelam que nos últimos quinze anos houve uma triplicação da população carcerária nos Estado Unidos, mesmo em se tratando de período em que a criminalidade permanecia globalmente constante e depois em queda. O que ocorre, no entanto, é que houve um aumento vertiginoso das prisões de pequenos delinquentes e de toxicômanos. Com efeito,

> (...) contrariamente ao discurso político e midiático dominante, as prisões americanas estão repletas não de criminosos perigosos e violentos, mas de vulgares condenados pelo direito comum por negócios com drogas, furto, roubo, ou simples atentados à ordem pública, em geral oriundos de parcelas precarizadas da classe trabalhadora e, sobretudo, das famílias do subproletariado de cor das cidades atingidas diretamente pela transformação conjunta do trabalho assalariado e da proteção social. (Wacquant, 2001, p. 83).

Leciona Wacquant (2001) que este encarceramento massivo da população economicamente hipossuficiente assume um papel importante dentro da sociedade neoliberal, uma vez que serve para: a) comprimir artificialmente os níveis de desemprego; b) proporcionar um aumento das ofertas de emprego no setor de bens e serviços carcerários, caracterizado pela precariedade das relações de trabalho;[13] c) produzir um grande contingente de mão de obra submissa, composto pelos antigos detentos, que, dado o seu *status* social infamante, acabam por aceitar empregos degradantes e sub-remunerados. Nesse sentido, Gomes (2005) salienta que

---

[13] O autor refere que "durante a década de 90, as prisões tiraram dois pontos do índice do desemprego americano." (2001, p. 97).

(...) os velhos inimigos do sistema penal e do estado de polícia (os pobres, marginalizados etc.) constituem sempre um "exército de reserva": são eles os encarcerados. Nunca haviam cumprido nenhuma função econômica (não são consumidores, não são empregadores, não são geradores de impostos). Mas isso tudo agora está ganhando nova dimensão. A presença massiva de pobres e marginalizados nas cadeias gera a construção de mais presídios privados, mais renda para seus exploradores, movimenta a economia, dá empregos, estabiliza o índice de desempregado etc. Os pobres e marginalizados finalmente passaram a cumprir uma função econômica: a presença deles na cadeia gera dinheiro, gera emprego etc.

O mérito destas constatações é revelar justamente o maior paradoxo inerente à ideologia repressivista: inserida que está no bojo do Estado neoliberal e, portanto, mínimo, acaba por cair na sua própria armadilha, por vez que, pugnando por um Estado máximo na área penal, acaba por tornar-se ineficiente no cumprimento de seu desiderato. Basta, para se chegar a tal conclusão, pensar que se tem um Estado Mínimo e para fazer viva a Tolerância Zero é preciso um Estado Máximo.

1.3. O Direito Penal como instrumento de controle das classes populares: a seletividade criminalizante

A partir do estudos desenvolvidos pela escola criminológica que ficou conhecida como Criminologia Crítica,[14] tornou-se possível a afirmação de que o sistema penal está *estruturalmente* montado para atuar de forma *seletiva*, uma vez que seus "órgãos executivos têm 'espaço legal' para exercer poder repressivo sobre qualquer habitante, mas operam quando e contra quem decidem." (Zaffaroni, 2001, p. 27). Nesse aspecto, a inflação legislativa vivenciada nas últimas décadas em decorrência do processo expansivo do Direito Penal contribui não para aumentar a segurança jurídica da população, mas sim para aumentar o poder discricionário dos órgãos executivos do sistema penal.

---

[14] Farias Júnior (1990, p. 119) refere que a criminologia crítica "é uma doutrina erigida por criminólogos socialistas ou comunistas que buscam combater a criminologia ortodoxa tradicional, conservadora, sob a alegação de que é uma criminologia destinada a servir mais à repressão, à interação criminógena, à criminalização pelas instituições do Estado, à estratificação social deletéria e também criminógena. Enfim, é uma teoria extremada, radical, que critica o sistema penal e a sociedade capitalista, por achar que atende às classes dominantes".

Em razão disso, pode-se asseverar, de acordo com Andrade (1997), que a tipificação da conduta delituosa não se exaure no momento normativo, nem tampouco a aplicação da norma ao caso concreto se constitui em um exercício de mera lógica formal, mas, pelo contrário, a lei penal constitui-se em um marco abstrato de decisão dentro do qual as agências do sistema penal gozam de uma ampla margem de discricionariedade. Destarte, trata-se de suposição errônea aquela propalada pelo discurso jurídico-penal segundo a qual a prática da infração penal enseja a aplicação automática da pena, isto porque "entre a seleção abstrata, potencial e provisória operada pela lei penal e a seleção efetiva e definitiva operada pelas instâncias de criminalização secundária [polícia, Ministério Público, Poder Judiciário, etc.], medeia um complexo e dinâmico processo de refração." (Andrade, 1997, p. 260).

Esta seleção *quantitativa* levada a cabo pelo sistema penal foi revelada principalmente a partir do novo papel relegado ao estudo das estatísticas criminais, em especial no que tange à questão da criminalidade de colarinho branco e da cifra oculta da criminalidade. As estatísticas criminais sempre serviram como ponto de apoio das investigações criminológicas, uma vez que revelam a atividade da polícia, do Ministério Público, dos Tribunais e das instituições penitenciárias no "combate à criminalidade". No entanto, com a revelação da criminalidade de colarinho branco e da cifra oculta da criminalidade, passou-se a duvidar do valor de verdade das estatísticas criminais no que pertine à quantificação da criminalidade "real", afinal, constatou-se que "nem todo delito cometido é perseguido; nem todo delito perseguido é registrado; nem todo delito registrado é averiguado pela polícia; nem todo delito averiguado é denunciado; nem toda denúncia é recebida; nem todo recebimento termina em condenação." (Andrade, 1997, p. 262-263).

Isso ocorre porque muitos delitos sequer chegam ao conhecimento das agências do sistema penal, em outros os autores não são identificados, há também os que são atingidos pela prescrição, os que são objeto de composição extrajudicial, os que não podem ser provados, etc.

Assim, antes de se apresentarem como fonte de estudo da criminalidade em si, as estatísticas criminais se transformaram em um hábil instrumento para a investigação da lógica do controle social levado a cabo pelo sistema penal, uma vez que, a partir da constatação de que elas representam a criminalidade – em especial aquela praticada por pessoas de alto prestígio social, ou seja, a de colarinho branco – de um modo muito inferior à sua cifra oculta, foi possível demonstrar que as sobreditas estatísticas acabam por distorcer a distribuição da criminalidade nos grupos sociais, criando uma falsa impressão de que a mesma é um atributo exclusivo das classes menos privilegiadas, legitimando, consequentemente, a atuação do sistema penal sobre tais estratos sociais (Andrade, 1997).

Outrossim, a revelação da criminalidade de colarinho branco e da cifra oculta da criminalidade serviu para demonstrar o quão falacioso é o discurso penal propalado pela Criminologia positivista – para a qual a criminalidade é atributo inerente aos indivíduos tidos como "perigosos" ou "anormais", seja por fatores biopsicológicos, ambientais ou sociais – ao revelar que a conduta criminal, além de *majoritária* – ou seja, o comportamento da maioria da sociedade – é *ubíqua* – ou seja, presente em todas as classes sociais (Andrade, 1997).

Infere-se disso que

> (...) o que ocorre é que a criminalização é, com regularidade, desigual ou seletivamente distribuída pelo sistema penal. Desta forma, os pobres não têm uma maior tendência a delinqüir, mas sim a serem criminalizados. De modo que à minoria criminal da Criminologia positivista opõe-se a equação maioria criminal x minoria pobre regularmente criminalizada. (Andrade, 1997, p. 265).

Ademais, ao revelar que a criminalidade real é infinitamente superior àquela apontada pelas estatísticas criminais, o estudo da sua cifra oculta permitiu chegar-se à conclusão fundamental de que a imunidade e não a criminalização é a regra no funcionamento do sistema penal e que todos os princípios ou valores sobre os quais o sistema se apoia (a igualdade dos cidadãos, a segurança, o direito à justiça, etc.) são radicalmente deturpados, na medida em que só se aplicam àquele número ínfimo de situações que são os casos registrados, razão pela qual estes argumentos passaram a ser largamente utilizados pelas correntes abolicionistas, para as quais um sistema que rege apenas casos esporádicos é absolutamente desnecessário (Hulsman, 1993).

Além da seletividade *quantitativa* do sistema penal, que deriva justamente de sua incapacidade operacional de seguir a planificação do discurso jurídico-penal, pode-se falar também em uma seletividade *qualitativa*, ou seja, pautada pela "especificidade da infração e as conotações sociais dos autores (e vítimas), isto é, das pessoas envolvidas." (Andrade, 1997, p. 266).

Em se tratando a criminalidade de uma conduta social majoritária e ubíqua, o fato de a clientela do sistema penal ser composta quase que exclusivamente por pessoas pertencentes aos estratos sociais economicamente hipossuficientes demonstra que existe não um processo de seleção de condutas criminosas, mas sim de pessoas que receberão o rótulo de "delinquentes". Tal seletividade qualitativa deve-se ao fato de que, em sociedades desiguais, os grupos detentores da maior parcela do poder possuem a capacidade de impor ao sistema uma impunidade praticamente absoluta das suas próprias condutas criminosas, de forma que,

> (...) enquanto a intervenção do sistema geralmente subestima e imuniza as condutas às quais se relaciona a produção dos mais altos, embora mais difusos danos sociais (delitos econômicos, ecológicos, ações da criminalidade organizada, graves desviantes dos órgãos estatais) superestima infrações de relativamente menor danosidade social, embora de maior visibilidade, como delitos contra o patrimônio, especialmente os que têm como autor indivíduos pertencentes aos estratos sociais mais débeis e marginalizados. (Andrade, 1997, p. 267).

Dado o caráter seletivo com que se dá a atuação das agências que integram o sistema penal, pode-se afirmar que o seu exercício de poder visa, antes do combate à criminalidade, à contenção de determinados grupos humanos que, diante da atual configuração socioeconômica, traduzem-se em inconvenientes sociais, sendo esta seletividade pautada em estereótipos que, geralmente associados às pessoas mais pobres, reforçam as desigualdades sociais, uma vez que operam "claramente em benefício das pessoas que exibem os estigmas da respeitabilidade dominante e em desvalor dos que exibem os estigmas da associabilidade e do crime." (Dias e Andrade *apud* Andrade, 1997, p. 269).

Quanto ao poder de atribuir a alguém a qualidade de criminoso, o mesmo é detido "por um grupo específico de funcionários que, pelos critérios segundo os quais são recrutados e pelo tipo de especialização a que são submetidos, exprimem certos estratos sociais e determinadas constelações de interesses." (Andrade, 1997, p. 276).

Diante de tais constatações, refere Andrade (1997) que a criminalidade é imputada aos estratos economicamente hipossuficientes da sociedade mediante juízos atributivos que são realizados a partir dos processos de criminalização primária e secundária, ou seja, através da definição dos bens jurídicos a serem protegidos e dos comportamentos ofensivos a estes bens – os quais são predominantemente relacionados às formas de desvio típicas das classes desfavorecidas (delitos contra o patrimônio ou contra o Estado), em detrimento daqueles que dizem respeito a bens e valores como a vida, a saúde, etc. –, bem como da seleção dos indivíduos que serão criminalizados dentre todos aqueles que praticarem tais comportamentos, quais sejam, os oriundos dos níveis mais baixos da escala social, como consequência lógica da criminalização primária. Destarte, o etiquetamento do indivíduo enquanto delinquente está intrinsecamente relacionada à posição social por ele ocupada.

Pune-se, portanto, não para defender a sociedade do mal representado pela criminalidade, através da prevenção geral ou especial de novas condutas delitivas, mas sim para se conformar cada estrato social no lugar que lhe é atribuído pelo sistema de produção vigente e o código social por ele instituído.

Nesse sentido, a inserção do medo *no* Direito Penal em decorrência dos novos riscos representados pela sociedade globalizada, tratados no item 1.1, aliada à seletividade criminalizante ínsita à substiuição do Estado Social pelo Estado penal, em especial no que diz respeito aos países de modernidade tardia como o Brasil, redunda na criação de um panorama de medo *do* Direito Penal, dado que o processo de expansão punitiva que se verifica na contemporaneidade também abarca uma dimensão extremamente punitivista voltada à persecução da criminalidade "tradicional", levada a cabo preferencialmente por membros dos grupos socialmente excluídos, em relação aos quais o medo *do* Direito Penal se transforma em instrumento de gestão social.

Com efeito, o sentimento geral de insegurança característico das sociedades contemporâneas faz com que o "medo" de tornar-se vítima de um delito "tradicional" – crimes contra a vida, a integridade física, o patrimônio, etc. – também aumente consideravelmente.

No que diz respeito à realidade brasileira, cumpre ressaltar, nesse contexto, o papel desempenhado pelo medo enquanto importante mecanismo de contenção e disciplinamento da clientela "tradicional" do sistema punitivo nacional. De acordo com Batista (2003), no Brasil as classes dominantes sempre se utilizaram do medo como estratégia para a derrota das forças populares, associando suas vitórias ao caos e à desordem. Para a referida autora (2005, p. 369)

> (...) a difusão do medo do caos e da desordem tem sempre servido para detonar estratégias de disciplinamento e controle das massas populares. O tipo de ordenamento introduzido pela escravidão em nossa formação sócio-econômica não foi abalado nem pelo fim da escravidão, nem pela República, nem na "transição democrática" com o fim da ditadura militar implantada após o golpe de 1964.

Neste panorama, a "insurreição negra tem sido a grande categoria fantasmagórica, o grande zumbi das elites brasileiras: da Revolta dos Malês aos arrastões nas praias. A hegemonia conservadora trabalha a difusão do medo como indutor e justificador de políticas autoritárias de controle social." (Batista, 2005, p. 369).

Esta constatação vai ao encontro da lição de Zaffaroni (2001, p. 40), para o qual

> (...) na verdade, não existe uma formulação teórica latino-americana que torne pública, de maneira séria, esta confissão, embora se costume expressar com sinceridade, em voz baixa, em quase todos os círculos acadêmicos, numa espécie de funcionalismo teoricamente subdesenvolvido; "a lei é boa para conter os excessos, mas só a lei não nos leva a nada porque não se pode acabar com os negros".

Torna-se, assim, possível afirmar que o medo serve como instrumento de reprodução da configuração de relações sociais excludentes e autoritárias que estão enraizadas na sociedade brasileira. E, com a instrumentalização do medo por meio do Direito Penal,

> (...) os esqualepados são duplamente atingidos: por um lado, por não terem acesso aos direitos sociais, encontram-se constantemente numa luta pela sobrevivência, o que muitas vezes leva ao cometimento de delitos, especialmente contra o patrimônio; por outro, porque, não possuindo qualquer capacidade de articulação frente ao sistema, ao cometerem delitos, são vítimas fáceis da repressão estatal, que deles se vale para justificar sua imprescindibilidade à sociedade. (Copetti, 2000, p. 63).

Batista (2005, p. 370) destaca, nesse sentido, o caráter paralisante do medo, ao afirmar que

> (...) nos medos de ontem, como nos de hoje, não se questiona a violência de uma sociedade tão desigual e tão rigidamente hierarquizada, mas proclama-se por mais pena, mais dureza e menos garantias no combate ao que ameaça, criando uma espiral aparentemente infinita que vai afastando cada vez mais o debate das questões nodais da história do Brasil: igualdade, liberdade, acesso à terra, direitos, enfim, o protagonismo econômico, social e cultural do povo brasileiro.

Com isso, verifica-se que o principal poder exercido pelo Direito Penal brasileiro, ao instrumentalizar o medo como estratégia de contenção das classes populares, é o poder de configuração/manutenção do modelo de ordenamento social preconizado pelas classes detentoras do poder econômico, a demonstrar, conforme a célebre lição de Foucault (1987, p. 27), que

> (...) as medidas punitivas não são simplesmente mecanismos "negativos" que permitem reprimir, impedir, excluir, suprimir; mas que elas estão ligadas a toda uma série de efeitos positivos e úteis que elas têm por encargo sustentar (e nesse sentido, se os castigos legais são feitos para sancionar as infrações, pode-se dizer que a definição das infrações e sua repressão são feitas em compensação para manter os mecanismos punitivos e suas funções).[15]

Dessa forma, torna-se possível afirmar que, por meio do modelo de Direito Penal que se verifica no Brasil, assegura-se não a proteção dos cidadãos e dos seus direitos fundamentais em face da atuação punitiva estatal, tampouco se busca a prevenção à prática de crimes – conforme preconizam os discursos clássicos de legitimação do *jus puniendi* do Estado –, mas sim a dominação e a opressão exercidas precipuamente contra as camadas economicamente desfavorecidas da sociedade, inclusive por meio de medidas de inocuização daqueles que são escolhidos para representarem a "personificação do mal", reforçando, assim, estereótipos tão presentes na sociedade brasileira e revelando, consequentemente, a real função desempenha pelo sistema punitivo no Brasil: inspirar a confiança das classes detentores do poder econômico infundindo terror aos setores populares, em clara afronta ao princípio constitucional da dignidade da pessoa humana.

---

[15] Nesta mesma linha tem-se a definição de Muñoz Conde (2005, p. 32) no sentido de que "o direito penal é a superestrutura repressiva de uma determinada estrutura econômica e de um determinado sistema de controle social pensado para a defesa da estrutura".

2. O papel desempenhado pelos meios de comunicação de massa no processo de expansão do Direito Penal

Uma das características da sociedade globalizada é a influência cada vez maior dos meios de comunicação de massa nos processos de formação da opinião sobre os mais diversos assuntos. Na sociedade de consumo contemporânea, os meios de comunicação são utilizados como mecanismos para fomentar crenças, culturas e valores, de forma a sustentar os interesses – invariavelmente mercadológicos – que representam.

Nesse diapasão, a criminalidade, ou melhor, o *medo* de tornar-se vítima de um delito, transforma-se em mercadoria da indústria cultural, razão pela qual a imagem pública dessa mercadoria é traçada de forma espetacular e onipresente, superando, não raro, a fronteira do que é passível de constatação empírica (Albrecht, 2000).

Analisando a "cultura do medo" na mídia dos Estados Unidos, Glassner (2003) destaca a grande distância que medeia entre aquilo que é noticiado e a realidade fática. Por uma estranha alquimia, estatísticas irrisórias são transformadas em cifras atemorizantes,[16] que crescem de acordo com o aumento dos níveis de audiência. Com

---

[16] Glassner exemplifica a "esquizofrenia" jornalística norte-americana em relação, dentre outros tantos "problemas", ao aumento indiscriminado do número de pessoas doentes: "Nossas preocupações vão além do razoável. A expectativa de vida nos Estados Unidos dobrou durante o século XX. Somos mais capazes de curar controlar doenças do que qualquer outra civilização na História da humanidade. No entanto, ouvimos que o número de pessoas seriamente doentes entre nós é fenomenal. Em 1996, Bob Garfield, jornalista de uma revista, analisou reportagens sobre doenças graves publicadas durante um ano no *Washington Post*, *New York Times* e *USA Today*. Descobriu que, além dos 59 milhões de americanos com doenças cardíacas, 53 milhões com enxaqueca, 25 milhões com osteosporose, 16 milhões com obesidade e 3 milhões com câncer, muitos americanos sofrem de males mais obscuros, como disfunção da articulação temporomandibular (10 milhões) e distúrbios cerebrais (2 milhões). Somando as

isso, novos medos e alarmes sociais são criados em torno de problemas que vão desde os riscos gerados pelo envenenamento das guloseimas distribuídas às crianças no Halloween até a pornografia infantil na internet.

Um dos "êxitos" da cultura do medo midiática norte-americana, segundo Glassner (2003, p. 53), consiste no fato de que "relativamente a quase todos os temores americanos atuais, em vez de se enfrentar problemas sociais perturbadores, a discussão pública concentra-se em indivíduos perturbados". Com isso, os "pseudoperigos" que jorram dia a dia das manchetes televisivas e da mídia impressa "representam novas oportunidades de evitar problemas que não queremos enfrentar [...], assim como aqueles que já cansamos de confrontar." (Glassner, 2003, p. 55). Exsurge daí a grande tendência das notícias alarmantes propaladas pela mídia que fomenta a cultura do medo: "banalizar preocupações legítimas enquanto engrandecem aquelas questionáveis".[17] (Glassner, 2003, p. 57).

As representações midiáticas dos "problemas sociais", assim, permitem, de acordo com a análise de Bourdieu (1997), grandes "recortes" na realidade, de forma a apresentar ao público consumidor apenas os fatos que interessem a todos, quais sejam, os fatos *omnibus*, que, por essa característica, não dividem, mas, pelo contrário, formam consensos, mas de um modo tal que não tocam – como denunciado por Glassner – na essência do problema. Trata-se, na perspectiva de Garland (2005), de uma fusão imperceptível entre *notícia* e *entretenimento*.

Nesse sentido, a mídia – e em especial a televisão – acaba por "ocultar mostrando", ou seja,

---

estimativas, Garfield chegou à conclusão de que 543 milhões de americanos estão gravemente doentes – um número chocante em uma nação com 266 milhões de habitantes".

[17] Ao se referir ao alarde midiático sobre um suposto aumento na violência homicida no trânsito verificado nos EUA na década de 1990, Glassner (2003, p. 57) exemplifica como se dá esse processo de fuga de questões sociais nodais em prol de discussões vazias de conteúdo social *real*: "as preocupações a respeito do comportamento incivilizado dos americanos datam pelo menos da época da expansão das fronteiras. Na atualidade, o mau comportamento atrás da direção está longe de ser a forma de incivilidade mais significativa ou premente. Lembremos do caso do negro inválido do Texas surrado por racistas, depois acorrentado a uma caminhonete e arrastado pela rua até a morte ou do universitário *gay* de Wyoming amarrado a uma cerca, baleado e abandonado para morrer: seria melhor concentrarmos nossa atenção em incivilidades grandiosas como racismo e homofobia. Em vez disso, somos entretidos por referências forçadas envolvendo histórias sobre fúria no trânsito ou, pior, por arautos do medo que tentam confundir os assuntos *de propósito*".

> (...) mostrando uma coisa diferente do que seria preciso mostrar caso se fizesse o que supostamente se faz, isto é, informar; ou ainda mostrando o que é preciso mostrar, mas de tal maneira que não é mostrado ou se torna insignificante, ou construindo-o de tal maneira que adquire um sentido que não corresponde absolutamente à realidade. (Bourdieu, 1997, p. 24).

A busca do sensacional e do espetacular, do *furo* jornalístico, é o princípio de seleção daquilo que pode e daquilo que não pode ser mostrado, o que é definido pelos índices de audiência – ou seja, pela pressão do campo econômico, do mercado, sobre os jornalistas.[18] E as imagens, aliadas às legendas que dizem o que é preciso ler e compreender, produzem o *efeito de real*, ou seja, fazem ver e fazem crer no que fazem ver. Com isso, os jornalistas e demais "trabalhadores da mídia" transformam-se cada vez mais em "pequenos diretores de consciência que se fazem, sem ter de forçar muito, os porta-vozes de uma moral tipicamente pequeno-burguesa, que dizem 'o que se deve pensar' sobre o que chamam de 'os problemas da sociedade'." (Bourdieu, 1997, p. 65).

O perigo decorrente disso é justamente o fato de que a mídia de massa impõe ao conjunto da sociedade uma forma bastante peculiar de enxergar os "problemas sociais", fruto de uma lógica mercadológica que busca, a todo custo, pela audiência, ou seja, pelo sucesso comercial.

A potenciação desse perigo ocorre em virtude do fato de que o poder de "evocação" exercido pela mídia tem efeitos de "mobilização". A mídia pode

> (...) fazer existir idéias ou representações, mas também grupos. As variedades, os incidentes ou os acidentes cotidianos podem estar carregados de implicações políticas, éticas etc. capazes de desencadear sentimentos fortes, freqüentemente negativos, como o racismo, a xenofobia, o medo-ódio do estrangeiro, e a simples narrativa, o fato de relatar, *to record*, como *repórter*, implica sempre uma construção social da realidade capaz de exercer efeitos sociais de mobilização (ou de desmobilização). (Bourdieu, 1997, p. 28).

---

[18] Como destaca Bourdieu (1997, p. 67), "não há discurso (análise científica, manifesto político etc.) nem ação (manifestação, greve etc.) que, para ter acesso ao debate público, não deva submeter-se a essa prova de seleção jornalística, isto é, a essa formidável *censura* que os jornalistas exercem, sem sequer saber disso, ao reter apenas o que é capaz de lhes *interessar*, de 'prender sua atenção', isto é, de entrar em suas categorias, em sua grade, e ao relegar à insignificância ou à indiferença expressões simbólicas que mereceriam atingir o conjunto dos cidadãos".

Em decorrência de interesses meramente mercadológicos, os meios de comunicação de massa promovem um falseamento dos dados da realidade social, gerando enorme alarde ao vender o "crime" como um rentável produto, respondendo às expectativas da audiência ao transformar casos absolutamente *sui generis* em paradigmas, aumentando, assim, o catálogo dos medos e, consequentemente e de forma simplista como convém a um discurso *vendável*, o clamor popular pelo recrudescimento da intervenção punitiva. Afinal, como destaca Bauman (2008, p. 15),

> (...) a economia de consumo depende da produção de consumidores, e os consumidores que precisam ser produzidos para os produtos destinados a enfrentar o medo são temerosos e amedrontados, esperançosos de que os perigos que temem sejam forçados a recuar graças a eles mesmos (com ajuda remunerada, obviamente).

A chave de compreensão da vinculação entre mídia e sistema penal, segundo Batista (2009), é o compromisso da imprensa – ligada aos grupos econômicos que exploram os negócios do ramo das telecomunicações – com o empreendimento neoliberal, tendo por escopo uma função legitimante do sistema punitivo. Essa legitimação implica, para o referido autor, a alavancagem de determinadas crenças e na ocultação – sorridente – de informações que as desmintam. Assim, o "novo *credo* criminológico da mídia tem seu núcleo irradiador na própria idéia de pena: antes de mais nada, crêem na pena como rito sagrado de solução de conflitos." (Batista, 2009, p. 3).

Desencadeiam-se, assim, campanhas midiáticas de "lei e ordem" inspirados no modelo norte-americano[19] que se utilizam de fatores como a *invenção da realidade* – por meio de estatísticas falaciosas e do aumento do tempo do espaço publicitário dedicado aos fatos relacionados ao crime –, a criação de *profecias que se autorealizam* – por meio de *slogans* como "a impunidade é a regra", "os presos entram por uma porta e saem por outra" – e a *produção de indignação moral* para reforçar os argumentos em prol da necessidade de cada vez mais segurança (Zaffaroni, 2001).

---

[19] Zaffaroni (2007, p. 72) destaca que "a difusão mundial desse discurso é favorecida pela brevidade e pelo impacto emocional do estilo vindicativo, que se encaixa perfeitamente na lógica discursiva da televisão, dado o alto custo de operação e a escassa disposição dos espectadores a todo e qualquer esforço pensante".

Segundo a análise de Díez Ripollés (2003, p. 28), os meios de comunicação realizam diversas atividades para lograr o reconhecimento e a delimitação social do problema da criminalidade:

> (...) ante todo, trazan los contornos de éste, lo que llevan a efecto tanto reiterando informaciones sobre hechos similares [...], como agrupando hechos hasta entonces no claramente conectados, incluso realizando conceptuaciones nuevas de hechos criminales ya conocidos; todo ello puede originar, incidental o intencionalmente, una percepción social de que existe una determinada ola de criminalidad, lo que refuerza la relevância del problema. En segundo lugar, destacan los efectos prejudiciales de la situación existente, dañosidad que pueden referir a ámbitos sociales muy distintos y desenvolver simultánea o alternativamente en planos materiales, expresivos o integradores. Finalmente, plantean genéricamente la necesidad de ciertas decisiones legislativas penales.

Brandariz García (2004) sintetiza as principais características das representações midiáticas da criminalidade como sendo: a) a narração dicotômica da realidade em Bem e Mal, contribuindo para a solidificação dos códigos valorativos do público; b) a representação da realidade criminosa a partir de um número limitado de estereótipos simplistas e de fácil consumo, invariavelmente aqueles que podem ser mais facilmente apresentados como *espetáculo*; c) a submissão da criminalidade aos ditados da gramática midiática, como a rapidez, a simplificação, a dramatização, a proximidade e imediatidade, apresentando cada informação como um fato novo e surpreendente, o que fica claro a partir das denominadas *ondas artificiais* de criminalidade; d) a geração de um efeito de ampliação do alarme social em relação a determinadas formas de criminalidade, incrementando o temor do cidadão em ser vítima dos delitos hipervisibilizados.

Em cotejo com as características acima apresentadas por Brandariz García, a análise de Wacquant (2004, p. 229-230) do processo de influência dos meios de comunicação de massa na formação da opinião pública acerca da criminalidade na França assume especial pertinência por bem ilustrar como se dá esse processo e por se aproximar da forma com que ele ocorre no Brasil:

> (...) o jornal das 20 horas transmudou-se em crônica dos noticiários judiciais, que parecem subitamente formigar e ameaçar em toda parte; lá, um professor pedófilo; aqui, uma criança assassinada; mais adiante, um ônibus depredado. Os programas especiais se multiplicam nos horários nobres, como esta edição de "Ça peut vous arriver", a qual, sob a rubrica das "violências escolares", desfia a trágica história de um guri que se suicidou após uma chantagem, molecagem de pátio de escola

primária, caso totalmente aberrante mas prontamente erigido a paradigma para as necessidades da audiência. As revistas semanais regurgitam reportagens que revelam "as verdadeiras cifras", as "notícias secretas" e outros "relatórios exclusivos" sobre a delinqüência, em que o sensacionalismo compete com o moralismo, sem esquecer-se de entabular periodicamente a pavorosa cartografia dos "bairros proibidos" e de debulhar os "conselhos práticos" indispensáveis para fazer face aos perigos decretados, onipresentes e multiformes.

O caso Isabela Nardoni, no Brasil, bem ilustra a forma como a mídia de massa nacional explora o crime e a criminalidade: o caso isolado de uma menina que foi assassinada violentamente passou a ser visto como uma forma de criminalidade bastante frequente no país e, mesmo contrariando a realidade objetiva – visto que casos semelhantes são bastante raros no país –, serviu como "espetáculo" midiático por mais de dois meses consecutivos, espetáculo esse marcado pelas pressões populares por justiça – leia-se *vingança* – contra o pai e madrasta da menina, acusados pela prática do crime. A divulgação *ad nauseam* de imagens dos acusados sendo escoltados por policiais em meio a uma massa popular sedenta por agredi-los[20] fez recordar a lição de Garapon (1997, p. 94) no sentido de que

> (...) los medios, que son el instrumento de la indignación y de la cólera públicas, pueden acelerar la invasión de la democracia por la emoción, propagar una sensación de miedo y de victimización e introducir de nuevo en el corazón del individualismo moderno el mecanismo del chivo expiatorio que se creia reservado para tiempos revueltos.[21]

Esses exemplos servem para demonstrar o surgimento de um discurso midiático acerca da criminalidade que se move por si próprio – tendo por fio condutor os índices de audiência – e que, em decorrência da sua superficialidade ao tratar do problema na sociedade contemporânea, é designado por Zaffaroni (2007, p. 69) como *cool*, dado que "*não é assumido como uma convicção profunda, mas sim*

---

[20] Batista (2009, p. 4) refere que a equação penal "se houve delito tem que haver pena" constitui a lente ideológica que se interpõe entre a lente da mídia e a realidade. Com isso, "tensões graves se instauram entre o delito-notícia, que reclama imperativamente a pena-notícia, diante do devido processo legal (apresentado como estorvo), da plenitude de defesa (o *locus* da malícia e da indiferença), da presunção de inocência (imagine-se num flagrante gravado pela câmara!) e outras garantias do Estado democrático de direito, que só liberarão as mãos do verdugo quando o delito-processo alcançar o nível do delito-sentença (= pena-notícia)".

[21] Sobre os casos envolvendo homicídio de crianças, Garapon (1997, p. 99) assinala que "los asesinatos de niños se convierten en acontecimientos nacionales para una opinión pública fascinada por la muerte y la transgresión. Su exasperación por los medios acabará por hacer creer al ciudadano no avisado que este tipo de crímenes es frecuente, lo que no es el caso".

como uma moda, à qual é preciso aderir para não ser estigmatizado como antiquado ou fora de lugar e para não perder espaço publicitário"

Com efeito, no discurso midiático *cool*,

> (...) não há debate, não há atrito: todo e qualquer discurso legitimante da pena é bem aceito e imediatamente incorporado à massa argumentativa dos editoriais e das crônicas. Pouco importa o fracasso histórico real de todos os preventivismos capazes de serem submetidos à constatação empírica, como pouco importa o fato de um retribucionismo puro, se é que existiu, não passar de um ato de fé. (BATISTA, 2009, p. 4).

Essa "vagueza" de respaldo teórico do discurso midiático sobre a criminalidade é suprimida pela opinião dos especialistas *ad hoc* que, diante de um determinado caso concreto transformam-se, da noite para o dia, em *autoridades no assunto*.[22] Zaffaroni (2007) identifica essa "publicidade" do sistema penal com a publicidade de determinados analgésicos: em ambos os casos, utilizam-se os especialistas ou atores para cumprir com o papel de dar credibilidade àquilo que se expõe. Reveste-se, assim, o discurso *leviano* da mídia com a autoridade dos especialistas, credenciados pelo exercício profissional, pela academia, pela ocupação de um cargo público ou até mesmo por um episódio de vida privada, no caso das vítimas que são chamadas – e instrumentalizadas – a contribuírem com o caso a partir das suas "experiências pessoais".

Batista (2009) atenta para a regra de ouro desta estratégia, qual seja, que o discurso do "especialista" esteja concorde com o discurso da mídia. Daí referir Bourdieu (1997) a existência de *fast thinkers*, ou seja, pensadores preparados para dizer tudo sobre qualquer coisa, por meio de "ideias feitas" que não encontram restrição por parte dos destinatários, porque são banais, convencionais, pré-aceitas.[23]

---

[22] Exemplificando como se dá esse processo, refere Batista (2009, p. 9): "o caso do 'maníaco do parque' exumou a psiquiatria forense mais rasteira e atrasada; crimes ambientais chamam a opinião de biólogos e militantes verdes, que ingressam lepidamente em tormentosas questões jurídico-penais; na violência policial contra a classe média, a *troupe* dos direitos humanos ganha o centro do picadeiro, de onde é retirada, constrangida, quando o motim na penitenciária foi por fim controlado; etc.

[23] Segundo Bourdieu (1997, p. 41), "se a televisão privilegia certo número de *fast-thinkers* que propõem *fast-food* cultural, alimento cultural pré-digerido, pré-pensado, não é apenas porque (e isso faz parte também da submissão à urgência) eles têm uma caderneta de endereços, aliás sempre a mesma (sobre a Rússia, são o sr. ou a sra. X, sobre a Alemanha, é o sr. Y): há falantes obrigatórios que deixam de procurar quem teria realmente alguma coisa a dizer, isto é, em geral, jovens ainda desconhecidos, empenhados em sua pesquisa, pouco propensos a

A utilização mercadológica do medo da criminalidade e a consequente busca, por meio do recrudescimento punitivo, da "solução" para o problema, transformam os meios de comunicação de massa em agências que, na sociedade contemporânea, representam uma espécie de "privatização parcial do poder punitivo" (Batista, 2009, p. 19), responsáveis, não raro, por julgamentos que só serão posteriormente *ratificados* pelo Judiciário, salvo nos casos em que o alarde midiático e a demonização daquele que foi escolhido na ocasião para representar a "personificação do mal" são tão incisivos que transformam o julgamento midiático em definitivo, por meio de execuções privadas, levadas a cabo por quem entrará para a história como "justiceiro".

Outra importante consequência da "midiatização do medo da criminalidade" é a sua influência na política, redundando na elaboração de legislações que, atendendo aos clamores midiáticos, cada vez mais alargam o âmbito de interferência do Direito Penal na vida social, bem como incrementam o seu rigor na tentativa de "tranquilizar" a alarmada população, proporcionando-lhe maior "segurança" por meio da atuação do sistema punitivo.

---

freqüentar a mídia, que seria preciso ir procurar, enquanto que se tem à mão, sempre disponíveis e dispostos a parir um artigo ou a dar entrevista, os *habitués* da mídia. Há também o fato de que, para ser capaz de 'pensar' em condições em que ninguém pensa mais, é preciso ser pensador de um tipo particular".

3. A apropriação do discurso punitivo midiático pela política e a construção de um modelo de Direito Penal simbólico

O constante desenvolvimento das tecnologias da informação afeta cada vez mais diretamente o debate político. Os meios de comunicação de massa, em especial o rádio e a televisão, configuram na contemporaneidade um espaço privilegiado da política, tornando-se possível a afirmação de que, sem o precioso auxílio da mídia, não há meios de adquirir ou exercer o poder, diante do fenômeno denominado por Castells (2000) de "política informacional".

A formação da opinião pública pelos meios massivos de comunicação[24] acerca dos medos, da insegurança e da necessidade de afastá-los por meio da intervenção do sistema punitivo deságua na pressão popular sobre os poderes públicos para que as reformas penais necessárias para fazer frente à "cada vez mais aterradora criminalidade" sejam efetivamente levadas a cabo.

A visão deformada dos meios de comunicação de massa acerca da realidade delitiva de um país, em que pese desviar-se dos índices oficiais de criminalidade, produz consequências reais como o aumento dos efetivos policiais, reformas legislativo-penais, e, ainda, a derrota eleitoral caso os cidadãos sejam levados a crer que o Governo não pode controlar a delinquência (Navarro, 2005).

---

[24] Brandariz García (2004, p. 37-38) destaca, no entanto, que não se pode entender "que los *media* son los que producen, de forma unilateral, los modos de comprensión de los fenómenos de referencia, sino que se da una interacción entre *media*, instancias de persecución (fundamentalmente la policía), instituciones, y público, en la que todos los actores tienden a modular la comprensión global, reforzando los puntos de vista colectivos. En este sentido, es especialmente evidente la dependencia mediática de las instituciones policiales como fuente de información".

Com isso, os poderes públicos, "conocedores de los significativos efectos socializadores y, sobre todo, sociopolíticos que la admisión de tales demandas conlleva, no sólo se muestran proclives a atenderlas sino que con frecuencia las fomentan." (Díez Ripollés, 2002, p. 66).[25] O Estado, assim, em vez de introduzir elementos de racionalidade nas demandas por mais segurança, as alimenta em termos populistas (Silva-SÁnchez, 1999), dado que "la legitimidad del poder público exige que la promesa de la seguridad crezca con los riesgos, y sea ratificada ante la opinión pública." (Cepeda, 2007, p. 51).

Torna-se possível, assim, a afirmação de que o fenômeno da expansão do Direito Penal também se deve à busca incessante de resolução dos conflitos sociais através de políticas populistas, isto é, que servem para aplacar o clamor social, mas que não apresentam qualquer resolução efetiva para o problema. Os legisladores de plantão estão sempre prontos com os seus pacotes de medidas de resolução da criminalidade que se traduzem, normalmente, em aumento de penas e restrições de garantias.

Com efeito, "os políticos – presos na essência competitiva de sua atividade – deixam de buscar o *melhor* para preocupar-se apenas com *o que pode ser transmitido de melhor* e aumentar sua clientela eleitoral." (Zaffaroni, 2007, p. 77). Isso porque o político que pretender confrontar o discurso majoritário acerca da criminalidade é logo desqualificado e marginalizado dentro de seu próprio partido, razão pela qual acaba por assumi-lo, seja por cálculo eleitoreiro, seja por oportunismo ou até mesmo por medo. Diante da imposição do discurso midiático, os políticos "devem optar entre aderir à publicidade da repressão e ficar na moda (tornar-se *cool*) ou ser afastados pelos competidores internos de seus próprios partidos, que aproveitariam o flanco débil de quem se mostra *antiquado* e *impopular*, ou seja, não *cool*." (Zaffaroni, 2007, p. 78).

Como argumenta Bauman (1999, p. 124-125), na sociedade contemporânea

> (...) um bocado de tensão acumula-se em torno da busca de segurança. E onde há tensão os investidores espertos e os corretores competentes com certeza re-

---

[25] Díez Ripollés (2003, p. 24) salienta que "la preocupación por el delito o la delincuencia está muy vinculada a lo que se suelen llamar las *actitudes punitivas* presentes en una determinada sociedad, que expresarían los puntos de vista de los miembros de ésta sobre los contornos y el grado de intervención penal que consideran necesarios".

conhecerão um capital político. Apelos a medos relacionados à segurança estão verdadeiramente acima das classes e partidos, como os próprios medos. É talvez uma feliz coincidência para os operadores políticos e os esperançosos que os autênticos problemas de segurança e incerteza se tenham condensado na angústia acerca da segurança; pode-se supor que os políticos estejam fazendo algo acerca dos primeiros exatamente por vociferarem sobre esta última.

Em um contexto tal, o Direito Penal assume, como ressalta Albrecht (2000, p. 472), um caráter de "arma política",[26] apresentando-se como um instrumento de comunicação, uma vez que ele permite trasladar os problemas e conflitos sociais a um tipo de análise específica que se apoia na função analítica e categorial característica do discurso penal, dado que o cumprimento desta função não requer mais que a demonstração exemplar da atividade da prática legislativa e da justiça penal.

Como assevera Albrecht (2000), as leis penais não servem somente para os fins instrumentais da efetiva persecução penal, mas devem fortalecer os valores e as normas sociais. A discussão política, mediante a atenção a grupos de interesses, aterrissa no âmbito da legislação. Inclusive os "interesses abstratos do próprio Estado" se encontram nos caminhos da atividade legislativa. Assim, as reformas da criminalização são apreciadas em todos os campos políticos como meio de reafirmação simbólica de valores.

É exatamente nesse sentido que Bauman (1999, p. 126) destaca que

(...) a construção de novas prisões, a redação de novos estatutos que multiplicam as infrações puníveis com prisão e o aumento das penas – todas essas medidas aumentam a popularidade dos governos, dando-lhes a imagem de severos, capazes, decididos e, acima de tudo, a de que "fazem algo" não apenas explicitamente pela segurança individual dos governados mas, por extensão, também pela garantia e certeza deles.

O problema, segundo Díez Ripollés (2007), não é o fato de que a experiência e as percepções cotidianas do povo condicionem a

---

[26] Como destaca Cueva (2002, p. 3), "ninguna parcela del Ordenamiento jurídico es más sensible a las variaciones ideológicas que el Derecho Penal. Como ya ha sido apuntado, la influencia de los cambios políticos en las leyes punitivas es evidente con una simple ojeada por fugaz que sea a las historia de los pueblos. El derecho de castigar expresa, en gran medida, la ideología y, en consecuencia, las convicciones o falta de convicciones jurídicas de una determinada sociedad. Como ha escrito Carbonell Mateu, el Derecho Penal se presenta como un instrumento al servicio de la política criminal y ésta es una parte de la política general del Estado, lo que convierte a aquél en un instrumento político".

criação e aplicação do Direito, o que é absolutamente legítimo em um ambiente democrático, mas sim o fato de que essas experiências e percepções são atendidas pelo legislador, na maioria das vezes, sem intermediários especializados, ou seja, sem a interposição de uma reflexão que valore as complexas consequências a que toda decisão penal conduz. Ou seja, no marco do populismo punitivo, as decisões de política criminal se adotam com desconhecimento da evidência e baseiam-se em assunções simplistas de uma opinião pública não informada (Larrauri Pijoan, 2005).

Com isso, da mesma forma como acontece no campo midiático, no campo político, a valorização da intervenção da justiça penal atua como mecanismo de encobrimento e ocultação das contradições do sistema, dado que viabiliza a *personalização* dos problemas sociais, em detrimento de uma imputação política. Esquiva-se de uma intervenção político-estrutural, trasladando a discussão para aspectos acessórios de forma a desviá-la da essência do problema (Albrecht, 2000).

Uma das características marcantes desse processo de "apropriação" do medo e sua racionalização pela política, decorrente justamente da utilização do Direito Penal como "arma política", é a supressão da dicotomia esquerda-demandas de descriminalização/direita-demandas por criminalização. A esquerda política, historicamente identificada com a compreensão da penalização de determinadas condutas como mecanismo de manutenção do *status quo* do sistema político-econômico de dominação, descobre na contemporaneidade que algumas formas de "neocriminalização" tipicamente de esquerda, como, por exemplo, os delitos de discriminação racial, os que são praticados pelos "colarinhos brancos", ou os que têm por vítimas mulheres/minorias, são importantes mecanismos de captação de credibilidade política – leiam-se "votos". Assim, os movimentos politicamente alternativos que no princípio mostravam pouca confiança no Estado e na lei hoje também figuram entre os propagandistas do Direito Penal e entre os produtores ativos de leis.[27] Por outro lado, a direita política descobre que a aprovação de normas penais é uma via para adquirir matrizes políticas progressistas (Meliá, 2005b).

---

[27] A esquerda também tem o seu viés punitivo e muitos daqueles que discordavam da intervenção do Direito Penal hoje propõem medidas intervencionistas de cunho popular. Veja-se por exemplo a possibilidade do fiscal de trânsito fazer prova da embriaguez do condutor.

Tal panorama refere-se a uma escalada "na qual ninguém está disposto a discutir de verdade questões de política criminal no âmbito parlamentário e na qual a demanda indiscriminada de maiores e mais efetivas penas já não é um tabu político para ninguém." (Meliá, 2005b, p. 104). Nesse sentido, Brandariz García (2004, p. 37-38) destaca que "las crescientes demandas públicas de seguridad se convierten en un valor público que puede ser fácilmente negociado mediante el siguiente intercambio: consenso electoral a cambio de simbólicas representaciones de seguridad".

Chega-se, assim, ao

(...) reino del proceder legislativo declarativo-formal, cuya pretensión fundamental es plasmar en la norma legal del modo más fiel y contundente posible el estado actual de las opiniones colectivas sobre una determinada realidad social conflictiva, y que está ayuno de cualquier consideración sobre la medida en que la norma en cuestión puede colaborar a la solución del problema. (Díez Ripollés, 2002, p. 66).

Nesse contexto, não se questiona a *efetividade* da norma, uma vez que se busca demonstrar que sua mera existência no ordenamento jurídico basta para a solução de um determinado problema social, encobrindo, assim, a incapacidade do Estado nesse sentido, olvidando-se

(...) que la diferencia entre políticas de seguridad autoritarias y democráticas radica en que mientras estas últimas están orientadas a lograr la confianza de los ciudadanos, las políticas de seguridad autoritarias están encaminadas a conseguir la adhesión de los ciudadanos, utilizando para ello mecanismos populistas cuyo objetivo es canalizar en provecho de determinadas personas o partidos políticos sentimientos, miedos o reacciones sociales. Es el discurso del miedo destinado a producir obediencia, o en otros casos, a establecer una cortina de humo ante errores o desaciertos de los poderes públicos en otros ámbitos de su gestión, cuando ni la libertad ni la seguridad, como la paz auténtica, son posibles desde el miedo. El miedo, alejado de su utilidad primaria, no genera sino ansia de seguridad. (Cepeda, 2007, p. 50-51).

Assim, as principais características do populismo punitivo podem ser sintetizadas em três assunções: que as penas mais altas podem reduzir o delito; que as penas ajudam a reforçar o consenso moral existente na sociedade; e que há ganhos eleitorais que são produto deste uso (Larrauri Pijoan, 2005).

Entre as razões principais da utilização política do Direito Penal encontra-se o fato de que, por meio dele, o legislador adquire uma "boa imagem" em face da sociedade, na medida em que, a partir de decisões político-criminais irracionais atende às demandas sociais por segurança, obtendo, assim, reflexamente, um grande número de votos. Não obstante isso, a utilização do Direito Penal simbólico representa a alternativa mais "barata" na hora de articular soluções para problemas sociais, visto que as medidas e programas sociais sempre são mais custosos do ponto de vista financeiro (Cepeda, 2007).

A verdade é que o ganho político destas medidas é incomensurável, pois se trata de um tema que atinge a todos e qualquer proposta de uma possível solução sempre é atraente, ainda que nela venha disfarçada toda uma legislação de exceção. Com isso, "el Estado reencuentra o, más bien, persigue la legitimación perdida como consecuencia de su retirada de los territorios de lo económico y de lo social." (Brandariz García, 2004, p. 38).

Vislumbra-se, assim, o surgimento de um certo "populismo punitivo" que pode ser definido como aquela situação em que considerações eleitorais primam sobre as considerações de efetividade. Ou seja, o discurso político quase nunca reflete as medidas necessárias, embora aparentemente demonstre aos cidadãos certa tranquilidade, que poderá advir das aprovações das medidas propostas.

Com efeito, de acordo com Bauman (2007, p. 149)

> (...) os perigos que mais tememos são imediatos: compreensivelmente, também desejamos que os remédios o sejam – "doses rápidas", oferecendo alívio imediato, como analgésicos prontos para o consumo. Embora as raízes do perigo possam ser dispersas e confusas, queremos que nossas defesas sejam simples e prontas a serem empregadas aqui e agora. Ficamos indignados diante de qualquer solução que não consiga prometer efeitos rápidos, fáceis de atingir, exigindo em vez disso um tempo longo, talvez indefinidamente longo, para mostrar resultados. Ainda mais indignados ficamos diante de soluções que exijam atenção às nossas próprias falhas e iniqüidades, e que nos ordenem, ao estilo de Sócrates, que "conheça-te a ti mesmo!". E abominamos totalmente a idéia de que, a esse respeito, há pouca diferença, se é que há alguma, entre *nós*, os filhos da luz, e *eles*, as crias das sombras.

A população, acossada diante do medo e da insegurança, pugna por resultados rápidos e eficientes, e os partidos políticos, buscando dar respaldo a estes anseios, respondem cada vez mais debilitando as garantias atinentes à segurança jurídica, por meio de medidas legislativas. Nesse contexto, o Direito Penal, no afã de dar respostas rápidas às demandas populares, assume cada vez mais um caráter simbólico,[28] dado que proporciona resultados político-eleitorais imediatos a partir da criação, no imaginário popular, da "impressão tranqüilizadora de um legislador atento e decidido" (Silva Sánchez *apud* Meliá, 2005a, p. 59). Busca-se por meio do recurso à legislação penal uma solução fácil para os problemas sociais, relegando ao plano simbólico o que deveria ser resolvido em nível instrumental.

Neste sentido,

> (...) un espetáculo de fuerza punitiva contra ciertos individuos es utilizado para reprimir cualquier tipo de reconocimiento de la incapacidad del Estado para controlar el delito en niveles aceptables. Una predisposición a impartir castigos severos a los delincuentes mágicamente compensa el fracaso en brindar seguridad a la población en general. (Garland, 2005, p. 226).

A legislação penal assim produzida mostra-se extremamente conveniente aos interesses políticos de curto prazo, visto que, conforme salienta Paul (1991), os símbolos jurídico possuem uma função manipulativa, uma vez que criam na população deslumbramento, tranquilidade e ilusões, conduzindo-a, portanto, a uma falsa percepção da realidade.[29] Com isso, as funções do Direito Penal são pervertidas e são oferecidas à opinião pública perspectivas de solução aos problemas que não correspondem com a realidade.[30]

Nesse sentido, busca-se apenas dar a uma população cada vez mais atemorizada diante do medo generalizado da violência e das

---

[28] Na lição de Andrade (1997, p. 293), afirmar que o Direito Penal é simbólico não significa "que ele não produza efeitos e que não cumpra funções reais, mas que as funções latentes predominam sobre as declaradas não obstante a confirmação simbólica (e não empírica) destas. A função simbólica é assim inseparável da instrumental à qual serve de complemento e sua eficácia reside na aptidão para produzir um certo número de representações individuais ou coletivas, valorizantes ou desvalorizantes, com função de 'engano'".

[29] Sobre o tema Andrade (1997, p. 313) assinala que "o déficit de tutela real dos Direitos Humanos é [...] compensado pela criação, no público, de uma ilusão de segurança jurídica e de um sentimento de confiança no Direito Penal e nas instituições de controle que têm uma base real cada vez mais escassa".

[30] Nesse contexto também se deve atentar para o fato de que a utilização do Direito Penal no sentido de infundir confiança na sociedade e/ou educá-la – ou seja, a utilização do Direito Penal com fins meramente publicitários ou de difusão de mensagens – redunda na extensão do âmbito que deve ser coberto pela tutela penal. E confiar ao Direito Penal – um instrumento coercitivo de controle social – uma missão pedagógica faz parte de uma lógica autoritária e anti-democrática. Isso sem esquecer que as normas penais inspiradas nesses fins tendem a perder sua concretude e taxatividade, o que representa um grave perigo para a liberdade do cidadão (CEPEDA, 2007).

inseguranças da sociedade líquida pós-moderna uma sensação de "tranquilidade", restabelecendo a confiança no papel das instituições e na capacidade do Estado em combatê-las por meio do Direito Penal. Não se buscam, portanto, medidas eficientes no controle da violência ou da criminalidade, mas tão somente medidas que "pareçam" eficientes e que, por isso, tranquilizam a sociedade como um todo.

Ou seja, a legislação penal simbólica tem na sua própria existência a sua principal virtude, visto que representa ações expressivas, catárticas, no sentido de censurar o crime e confortar o público, uma vez que são aprovadas no calor da indignação popular em face de crimes violentos marcantes. Daí referir Garland (2005) que dita legislação tem o selo de qualidade "feita para a televisão", uma vez que sua preocupação principal é demonstrar que, em reação ao sentimento de indignação do público, o Estado está disposto a usar seus poderes para manter a lei e a ordem e proteger o público cumpridor da lei.

Com isso,

> (...) la toma de decisiones políticas se vuelve una forma de *acting out* que desplaza las complejidades y el carácter necesariamente a largo plazo del control del delito *efectivo* en favor de las gratificaciones inmediatas de una alternativa más *expresiva*. La creación de la ley se transforma en una cuestión de gestos vengativos dirigidos a tranquilizar a un público preocupado y a darle la razón al sentido común, más allá de la inadecuación de estos gestos para enfrentar el problema subyacente. (Garland, 2005, p. 226).

Em um contexto tal, a *democracia* – lembra Baratta (1991) – é substituída pela *tecnocracia*, ou seja, pela *comunicação* entre os políticos e o público. E quando isto ocorre, a política cada vez mais assume a forma de *espetáculo*, uma vez que as decisões e os programas de decisão não se orientam no sentido de uma transformação da realidade, mas sim no sentido de uma transformação da *imagem* desta realidade diante dos espectadores, ou seja, não busca satisfazer as necessidades reais e a vontade política dos cidadãos, mas sim seguir a corrente da opinião pública.[31]

---

[31] A esse respeito Baratta (1991, p. 54) destaca que "la crisis de la prevención, de la función instrumental de la justicia penal significa también el fenómeno por el cual, no es tanto esta última la que debe ser utilizada como instrumento para resolver determinados problemas y conflictos, sino más bien, son determinados problemas y conflictos, cuando ellos alcanza un cierto grado de interés y de alarma social en el público, los que se convierten en la oportunidad de una acción política dirigida, antes que a funciones instrumentales específicas, a una

Estas funções simbólicas tendem a prevalecer sobre as funções instrumentais, dado que

> (...) el déficit de tutela real de bienes jurídicos es compensado por la creación, en el público, de una ilusión de seguridad y de un sentimiento de confianza en el ordenamiento y en las instituciones que tienen una base real cada vez más escasa: en efecto, las normas continúan siendo violadas y la cifra obscura de las infracciones permanece altísima mientras las agencias de control penal siguen midiéndose con tareas instrumentales de imposible realización por ese hecho: piénsese en la defensa de la ecología, en la lucha contra la criminalidad organizada, en el control de las toxicodependencias y en la mortalidad en el tráfico automotor. (BARATTA, 1991, p. 53).

Buscando identificar as diversas formas assumidas pelo Direito Penal simbólico, Díez Ripollés (2002, p. 88-94) classifica-o em três grandes blocos. O primeiro deles é composto pelas normas que, em função do objetivo a ser satisfeito, podem ser concebidas como: a) *leis reativas*, onde predomina o objetivo de demonstrar a rapidez de reflexo de ação do legislador em face da aparição de novos problemas; b) *leis identificadoras*, a partir das quais se manifesta a identificação do legislador com determinadas preocupações dos cidadãos; c) *leis declarativas*, por meio das quais se busca aclarar contundentemente quais são os valores corretos a respeito de uma determinada realidade social; d) *leis principialistas*, que manifestam a validade de certos princípios de convivência; e) *leis de compromisso*, cujo papel principal é mostrar às forças políticas que as impulsionam o respeito aos acordos alcançados.

O segundo bloco é composto pelas normas que, em função das pessoas primordialmente afetadas, podem ser classificadas como: a) *leis aparentes*, cuja formulação defeituosa do ponto de vista técnico as torna inacessíveis às condições operativas do processo penal; b) *leis gratuitas*, que são aprovadas sem os recursos pessoais ou materiais necessários para sua efetiva aplicação no caso de infração; c) *leis imperfeitas*, que não preveem sanções ou sua aplicação é tecnicamente impossível.

Já o terceiro bloco é composto pelas normas que, em função dos efeitos sociais produzidos, podem ser classificadas como: a) *leis ativistas*, por meio das quais se busca suscitar nos cidadãos a confiança de que se está fazendo algo em face dos problemas sociais;

---
función simbólica general: la obtención del consenso buscado por los políticos en la llamada 'opinión pública'".

b) *leis apaziguadoras*, que têm por escopo acalmar as reações emocionais que certos sucessos criminais produzem entre a sociedade; c) *leis promotoras*, cujo objetivo é a modificação de determinadas atitudes sociais em face de certos problemas sociais; d) *leis autoritárias*, que procuram demonstrar a capacidade coativa geral dos poderes públicos.

A partir da classificação empreendida por Díez Ripollés, é possível verificar que a ideia que permeia a produção do Direito Penal simbólico é a de *eficiência*, ou seja, de *fazer crer* de forma contundente que "algo está sendo feito" como resposta às pressões populares por mais segurança. O eficientismo penal, segundo Cepeda (2007, p. 37), "es la nota del Derecho penal en esta era de la globalización. Lo que importa es que el sistema sea eficiente, que alcance sus resultados programados, aunque con un alto coste en el recorte de los derechos y garantías fundamentales".

Nesse sentido, a partir da noção de eficiência, torna-se possível subdividir as normas penais que vêm sendo produzidas no processo de expansão do Direito penal em dois grandes blocos: o primeiro deles é composto pela legislação cujo escopo é reacionar frente às novas formas assumidas pela criminalidade na sociedade contemporânea, em especial diante da criminalidade organizada e do terrorismo; o segundo é integrado pelas normas que constituem uma retomada, sob influência do discurso jurídico-penal que sustenta a criação das normas integrantes do primeiro bloco, da ideia do repressivismo/punitivismo como estratégia primeira de segurança diante da criminalidade tradicional. É sobre este assunto que se ocupam os capítulos a seguir.

4. O Direito Penal do Inimigo como resposta simbólica à macrocriminalidade

A insegurança constante e as notícias diárias acerca das novas formas assumidas pela criminalidade são uma constante na sociedade contemporânea, em contínua transformação. As ferramentas pensadas e desenhadas para uma determinada teoria do delito, cujas bases fundam suas raízes na concepção causal-naturalista do delito, mostram-se incapazes para fazer frente a esta nova criminalidade cujas características se afastam totalmente destes paradigmas. A macrocriminalidade está obtendo respostas do Estado cifradas no expansionismo da intervenção penal, ainda que a reboque da realidade.

Com efeito, é evidente que diante dessas transformações sociais, também a criminalidade sofreu alterações substanciais e as ferramentas penais utilizadas até agora estão se mostrando incapazes de fazer frente aos novos delitos decorrentes destas transformações.[32] Nesse sentido, o Direito positivo atual e as instituições jurídicas constituídas sob sua égide não conseguem já dar conta de uma realidade crescente e heterogênea (Faria, 2000). E o pior, não há uma teoria explicativa homogênea da delinquência, o que nos deixa sem uma solução plausível.

Assim, a persecução à megacriminalidade constitui a principal afronta à efetividade do Direito Penal. Que punição pode ser imposta, por exemplo, a um terrorista disposto a amarrar explosivos ao corpo? Mas o Direito Penal da contemporaneidade já não pode ficar sem dar respostas à sociedade. E é justamente em virtude dessa necessidade de mostrar-se eficiente a todo custo que surge uma

---

[32] Nesse sentido, basta que se verifique a criminalidade organizada, a lavagem de dinheiro, os delitos cometidos pela internet, que não encontram, muitas vezes, a correta tipificação penal, dificultando a persecução em relação as condutas incriminadas.

das mais controvertidas teorizações da contemporaneidade: a do Direito Penal do inimigo, formulada pelo penalista alemão Günther Jakobs, a qual pode ser considerada enquanto instrumento simbólico, com escopo de tranquilização social, voltado à megacriminalidade da sociedade de risco.

Jakobs (2005) propõe a adoção da dicotomia conceitual *Direito Penal do inimigo versus Direito Penal do cidadão* para designar as concepções de autor das quais deve partir o Direito Penal no enfrentamento da criminalidade no contexto mundial atual, sob a alegação de que, sem essa diferenciação, não existe outra alternativa para o combate a determinadas formas de delinquência, em especial no que diz respeito ao caso das organizações criminosas e do terrorismo.

Na perspectiva de Jakobs,

> (...) o direito penal pode ver no autor um *cidadão*, isto é, alguém que dispõe de uma esfera privada livre do direito penal, na qual o direito só está autorizado a intervir quando o comportamento do autor representar uma perturbação exterior; ou pode o direito penal enxergar no autor um *inimigo*, isto é, uma fonte de perigo para os bens a serem protegidos, alguém que não dispõe de qualquer esfera privada, mas que pode ser responsabilizado até mesmo por seus mais íntimos pensamentos. (Greco, 2005, p. 82).

Segundo o penalista alemão, a integridade social não se obtém através da preservação dos bens jurídicos, postura esta que entende equivocada, uma vez que ela induz a crer na legitimação de tudo aquilo que pode ser posto em uma relação positiva com o conceito de bem jurídico, de forma que o aquilo que se pode qualificar como um ataque perigoso a um bem jurídico tem de ser socialmente nocivo (Aponte, 2004).

Pelo contrário, afirma Jakobs que a função do Direito Penal é assegurar a vigência das normas jurídicas enquanto modelo de ordenação da sociedade, ou seja, a função do Direito é a manutenção do sistema social. Dessa forma,

> (...) a pena é coação; é coação [...] de diversas classes, mescladas em íntima combinação. Em primeiro lugar, a coação é portadora de um significado, portadora da resposta ao fato: o fato, como ato de uma pessoa racional, significa algo, significa uma desautorização da norma, um ataque a sua vigência, e a pena também significa algo; significa que a afirmação do autor é irrelevante e que a norma segue vigente sem modificações, mantendo-se, portanto a configuração da sociedade. (Jakobs, 2005, p. 22).

Nessa ótica, é por meio da sanção que o Estado afirma que, mesmo tendo sido rompida uma norma de conduta, o cidadão pode seguir confiando nela, dado que a imposição da pena funciona como negação da negação da vigência da norma levada a cabo pelo delinquente. Ou seja, com a imposição da pena demonstra-se para a coletividade que a norma segue vigente, que não vige a especial visão de mundo do delinquente, e que as condutas sociais podem seguir sendo orientadas com base nessa norma, que representa as expectativas gerais. Com a imposição da pena, portanto, é mantida a vigência da norma como modelo do contrato social (Lynett, 2005).

Partindo desse pressuposto é que Jakobs sustenta a existência de indivíduos que devem ser diferenciados como inimigos em relação aos demais cidadãos, razão pela qual também se faz necessário diferenciar entre um Direito Penal criado especificamente para os inimigos daquele criado especificamente para os cidadãos. O Direito Penal do cidadão

> (...) define y sanciona delitos, o infracciones de normas, que llevan a cabo los ciudadanos de um modo incidental y que normalmente son la simple expresión de un abuso por los mismos de las relaciones sociales en que participan desde su *status* de ciudadanos, es decir, en sua condición de sujetos vinculados a y por el derecho. (Martín, 2005, p. 5).

O delito de um cidadão, para Jakobs (2005, p. 32), "não aparece como princípio do fim da comunidade ordenada, mas só como infração desta, como deslize reparável". O Estado vê no cidadão uma pessoa que, por sua conduta, ocasionou dano à vigência da norma e o chama a equilibrar este dano, desde que ele ofereça garantias de que se conduzirá conforme um cidadão, ou seja, com fidelidade ao ordenamento jurídico (Martín, 2005). Ou seja, "o Direito penal do cidadão é Direito também no que se refere ao criminoso. Este segue sendo pessoa." (Jakobs, 2005, p. 29). No entanto, "quien desea ser tratado como persona, por su parte, tiene que dar una garantía cognitiva de que se va a comportar como persona. Si esta garantía no se presenta o si ella es denegada expresamente, el derecho penal se convierte (...) en una reaccíon contra un enemigo." (Jakobs *apud* Aponte, 2004, p. 24-25).

Diferentemente do cidadão que delinquiu, portanto, o inimigo é aquele que se afasta do ordenamento jurídico de forma permanente, não oferecendo nenhuma garantia de fidelidade à norma, o que é imprescindível para o trato como pessoa em Direito (Jakobs, 2007). Para Martín (2005, p. 6),

> (...) las actividades y la ocupación profesional de tales individuos no tienen lugar en el ámbito de relaciones sociales reconocidas como legítimas, sino que aquéllas son más bien la expresión y el exponente de la vinculación de tales individuos a una organización estructurada que opera al margen del Derecho y que está dedicada a actividades inequívocamente "delitivas". Este es el caso, por ejemplo, de los individuos que pertenecen a organizaciones terroristas, de narcotráfico, de tráfico de personas, etc. y, en general, de quienes llevan a cabo actividades típicas de la llamada criminalidad organizada.

As regulamentações do Direito Penal do inimigo, destarte, embasam-se na habitualidade e no profissionalismo das atividades dos indivíduos assim considerados, bem como ao fato de pertencerem a organizações criminosas estruturadas que afrontam o Direito Penal "ordinário". Assim,

> (...) puesto que la existencia de enemigos en el sentido descrito es un hecho real, y puesto que la falta de seguridad cognitiva existente con respecto a ellos – esto es, el peligro que los mismos representan para la vigência del ordenamiento jurídico – es un problema que no puede ser resuelto con el Derecho penal ordinario (del ciudadano) ni tampoco con medios policiales, de ahí resulta la necesidad – que no tiene ninguna alternativa posible – de configurar un Derecho penal del enemigo diferenciado en sus principios y en sus reglas. (Martín, 2005, p. 7).

Características do Direito Penal do inimigo são, portanto, uma extensa antecipação da intervenção penal, sem a respectiva redução da pena cominada, bem como a restrição das garantias penais e processuais penais do Estado de Direito. Segundo Jakobs (2005, p. 35), no Direito Penal do inimigo, "a punibilidade avança um grande trecho para o âmbito da preparação, e a pena se dirige à segurança frente a fatos futuros, não à sanção de fatos cometidos".

Essa diferenciação entre inimigos e cidadãos decorre da compreensão de Jakobs de que os primeiros, pelo fato de constituírem uma ameaça ao sistema social, não podem ser tratados como pessoas, mas sim combatidos como *não-pessoas*. Para o autor (2005 p. 36), "um indivíduo que não admite ser obrigado a entrar em um estado de cidadania não pode participar dos benefícios do conceito de pessoa". Isso porque "sólo en la medida em que el individuo acepta el orden social constituído adquiere el *status* de persona, y si no lo acepta se convierte en una criatura animal, y, en consecuencia, el ordenamiento carece de razones para defender sus interesses." (Lesch *apud* Martín, 2005, p. 22-23).³³

Assim, o papel do Direito Penal do inimigo não é compensar o dano causado à vigência de uma norma – como ocorre com o Direito Penal do cidadão – mas sim eliminar o perigo representado pelos indivíduos (não-pessoas) que se encontram fora da ordem social estabelecida e não oferecem garantias de que voltarão a agir com fidelidade às normas instituídas por esta ordem social. Como aduz Jakobs (2007, p. 57),

> (...) quien no admite someterse a una constitución civil puede lícitamente ser obligado a la separación, siendo aquí indiferente, a la hora de plantear la cuestión de la legitimación de las medidas de salvaguardia, que se expulse al enemigo del país o que sea arrojado, a falta de posibilidad de destierro, a la custodia de seguridad, o sometido a una "pena" de aseguramiento, u otras posibilidades. En todo caso, el derecho no debe renunciar a causa del sujeto que persiste en su conducta desviada a alcanzar realidad; dicho de outro modo, quien no presta la garantia cognitiva de que se comportará como persona en derecho, tampoco debe ser tratado como persona en derecho.

Lidar com o inimigo, destarte, não passa de neutralizar uma fonte de perigo.³⁴ Daí asseverar Martín (2005, p. 23) que

> (...) la privación y la negación de la condición de *persona* a determinados individuos, y con ello la atribución a ellos de la condición de enemigos, constituye, pues, el paradigma y el centro de gravedad del Derecho Penal del enemigo como un ordenamiento punitivo diferente, excepcional y autónomo con respecto al Derecho penal ordinario, de la normalidad o del ciudadano.

Nesse sentido, cumpre salientar que, para Jakobs, a condição de *pessoa* não é atributo natural do ser humano, mas sim uma atribuição normativa, ou seja, a pessoa não se confunde com o ser humano existencial, uma vez que, enquanto este é o resultado de processos naturais, aquela é um produto social, definido como "la unidad ideal de derechos y deberes que son administrados a través

---

³³ Como destaca Jakobs (2007, p. 54), "quien continuamente se comporta como Satán, al menos no podrá ser tratado como persona en derecho en lo que se refiere a la confianza de que cumplirá con sus deberes; pues falta el apoyo cognitivo para ello".

³⁴ Segundo Díez Ripollés (2007, p. 106), "a tales individuos no se les puede considerar personas ni ciudadanos, son enemigos de la sociedad que deben ser excluidos de ella. El derecho penal que há de regir para ellos debe ser sustancialmente distinto del vigente para los ciudadanos, há de ser uno militante, encaminado a neutralizar su peligrosidad, y en el que las garantías son reducidas y la pena ya no busca reafirmar la vigencia de la norma sino asegurar el mantenimiento extramuros de la sociedad de estos individuos".

de un cuerpo y de una conciencia." (Jakobs *apud* Martín, 2005, p. 25). "Pessoa, em *Jakobs*, é um termo técnico, que designa o portador de um papel, isto é, aquele em cujo comportamento conforme à norma se confia e se pode confiar." (Greco, 2005, p. 86, grifo do autor).

Assim, não é, para Jakobs, o homem (ser humano), o sujeito do Direito Penal, mas sim a pessoa, de forma que, quando o homem aparece por detrás da pessoa, não se está a falar em um indivíduo inserido na ordem social, mas sim de um inimigo (não-pessoa). E é este homem, ou seja, o ser existencial, o destinatário das normas do Direito Penal do inimigo.

É neste ponto que se situa uma das controvérsias do discurso do Direito Penal do inimigo, dado o fato de que, se ele reconhece os destinatários de suas normas como não-pessoas, a existência destas deve ser constatável já na realidade prévia à sua aplicação, pois, caso isso não seja possível, não é também possível saber se ele é efetivamente destinado a não-pessoas ou a pessoas.

E aqui reside o problema: segundo o discurso do Direito Penal do inimigo, os seus destinatários são encontrados dentre aqueles que abandonaram de forma definitiva o Direito, o que se infere a partir da habitualidade delitiva e da reincidência que lhes são peculiares. No entanto, este Direito que deve ser infringido para que possa aparecer a figura do inimigo é o Direito Penal do cidadão. E um Direito só pode ser infringido por quem seja efetivamente destinatário de suas normas, logo, pelo cidadão. E mais, para comprovar efetivamente a existência do crime, o infrator deve ser submetido a um processo que também deve seguir as normas do Direito Penal do cidadão, com todas as garantias que lhes são inerentes, inclusive a conservação do estado de inocência. Uma vez comprovada a prática delitiva, a imposição e cumprimento da pena cominada à infração também devem observar as regras do Direito Penal do cidadão, pois foi este o direito infringido e, como ressalta Jakobs, quem é julgado pelo Direito Penal do cidadão não perde sua condição de pessoa, mesmo quando condenado. Assim, onde é que o Direito Penal do inimigo irá buscar seus destinatários, ou seja, não-pessoas preexistentes à aplicação de suas normas? Diante desta objeção poder-se-ia referir que é justamente o processo que definiria a privação do *status* de pessoa ao indivíduo e seu consequente etiquetamento como inimigo. No entanto, mesmo assim, o processo deveria se desenvolver com todas as características ínsitas ao Direito

Penal do cidadão. Resta, portanto, demonstrado que o Direito Penal do inimigo só é possível a partir da existência prévia de pessoas – e não de não-pessoas – de forma que não se pode, assim, falar em um Direito com regras distintas daquelas instituídas pelo Direito Penal do cidadão (Martín, 2005).

Ademais, não se pode atribuir o caráter de Direito às regulamentações do Direito Penal do inimigo, justamente em virtude do paradigma sobre o qual o mesmo se sustenta, qual seja, a já mencionada consideração dos seus destinatários enquanto não-pessoas. Segundo Martín (2005, p. 30), "únicamente cabe conceder el caráter de Derecho a una regulación si ésta parte del reconocimiento del hombre como persona responsable". Esta compreensão de pessoa responsável é que diferencia o Direito de um mero exercício de força e coação.

À objeção acerca da possibilidade de legitimação, em detrimento do até aqui exposto, em um Estado Democrático de Direito, de um Direito Penal do inimigo baseado tão somente na coação e na força como complementação do Direito Penal do cidadão, Jakobs (2005) responde afirmativamente, argumentando que o Direito Penal do inimigo não legitima atuações espontâneas e impulsivas, mas sim atuações regradas, ou seja, o Direito Penal do inimigo poderia, sim, ser considerado como Direito, eis que suas regras também se prestariam a impor certos limites ao exercício do poder e da coação estatais.

Mesmo assim, segundo Martín (2005, p. 31), permanece em pé a questão da possibilidade de legitimação de "reglas de actuación estatal que afecten a la libertad de sus destinatarios sin reconocerles como personas y, por conseguiente, que – como sucede con las del Derecho penal del enemigo – permitan una actuación estatal que traspase los límites que impone la condición de persona". Isso porque em um Estado Democrático de Direito, constituído a partir do respeito à dignidade da pessoa humana, não há falar em designar um indivíduo humano como não-pessoa. Como bem ressalta Prittwitz (2004, p. 43), "o conceito de 'não-pessoa' não pode mais ser usado após 1945".

Assim, mesmo diante da afirmativa de Jakobs de que o Direito Penal do inimigo estaria legitimado por desenvolver-se com base em regras jurídicas e não em atuações espontâneas e impulsivas, isso não é suficiente para legitimá-lo, uma vez que "lo decisivo no es la existencia de reglas sino el contenido material, esto es, axiológico, de dichas reglas, y si las mismas se opusieran a algún valor fundamental, entonces no cabría reconocerles ninguma legitimidad." (Martín, 2005, p. 33).

Ademais, como recorda Zaffaroni (2007), a formulação teórica de Jakobs cancela o próprio princípio de Estado de direito, na medida em que pressupõe o poder em mãos de um soberano que individualiza *inimigos* por decisão política e contra quem não se pode oferecer resistência. Ou seja, "a prevalência de uma pretensa razão instrumental [...] leva à *razão de Estado* e à consequente negação do Estado de direito".

Infere-se disso que o Direito Penal do inimigo já nasce deslegitimado, pois a dignidade humana é um dado ontológico do ser humano, ou seja, não é produto de uma construção normativa, mas faz parte da sua essência, de forma que "el Derecho penal democrático y del Estado de Derecho há de tratar a todo hombre como persona responsable, y no puede ser lícito ningún ordenamiento que establezca reglas y procedimientos de negación objetiva de la dignidad del ser humano en ningún caso." (Martín, 2005, p. 42).

Ademais, como salienta Aponte (2004), antes de se castigar de forma mais rigorosa aqueles que não oferecem garantias ou certezas cognitivas, deve-se verificar se o Estado se encontra em condições de oferecer – verdadeiramente e a todas as pessoas – oportunidade de socialização em função do Direito. Ou seja, deve-se constatar se o Estado propicia o respeito ao Direito ou se, ao contrário, é ele mesmo e suas instituições os primeiros a desrespeitarem-no, pois "un Estado que no propicia la socialización en el derecho, no está muy legitimado para exigir el respeto al orden jurídico y castigar tan duramente a quien no lo hace." (Aponte, 2004, p. 29).

Nesse sentido, refere o predito autor (2004, p. 29) que é possível reconstruir a formulação de Jakobs em um sentido crítico, qual seja: "para que se sancione a un ciudadano, éste debe ser primero socializado por el Estado, como persona; lo más perverso de una actuación estatal, es cuando se *integra* en el derecho a quien de manera tradicional há sido un olvidado, a través de la sanción penal".

Nesse sentido, lembra Martín (2005, p. 3-4) que

> (...) la experiencia histórica demuestra con demasiada y clara contundencia como los regímenes políticos totalitarios (generalmente criminales) etiquetan y estigmatizan precisamente como "enemigos" a los disidentes y a los discrepantes, y cómo

> aquéllos dictan leyes nominalmente penales que, sin contenido alguno de justicia, establecen más bien dispositivos y mecanismos de "guerra" contra los etiquetados como enemigos.

Com efeito, o discurso jurídico-penal elaborado a partir do marco teórico sob análise não se compromete com a afirmação da dignidade humana, mas somente com a proteção da norma e com a estabilidade social, concepção esta que, segundo Zaffaroni (2001, p. 87), "representa uma grave decadência do pensamento, já que se desembaraça da verdade para substituí-la pelo funcional, através do qual [...] *a verdade se converte numa questão de funcionalidade"*.

Ou seja, busca-se a manutenção da ordem sem questionar-se sobre a estrutura desta "ordem", descrevendo-se o sistema de maneira asséptica e descomprometida, operando-se, para tanto, "com um conceito de 'direito' privado de qualquer referência ética e antropológica (que mal pode ser chamado de direito)." (Zaffaroni, 2001, p. 88).

Legitima-se, pois, com base no discurso de Jakobs, tudo aquilo que de alguma forma seja funcional para a manutenção do sistema social formado, independentemente das características por ele apresentadas. Nesse sentido, qualquer ordem social, por mais injusta e/ou autoritária que seja, pode legitimar-se, desde que o conjunto normativo assim o preveja.

Ademais, o discurso elaborado no bojo da teorização do Direito Penal do inimigo conduz à configuração de um modelo de Direito Penal do autor, onde não está em jogo a proteção de bens jurídicos, mas sim a persecução de determinadas pessoas em função da sua condição pessoal, de sua "maldade" intrínseca. E isto configura um retrocesso inadmissível.

5. A retomada do repressivismo e a construção do paradigma da segurança cidadã

Paralelamente às preocupações político-criminais com a megacriminalidade característica da sociedade de risco, o fato de o fenômeno expansivo do Direito Penal nesse setor coincidir com o processo de desmantelamento do Estado Social redunda, conforme já acenado no tópico 1.2, no ressurgimento, sob influência dos movimentos de Lei e Ordem, do repressivismo e do punitivismo como formas por excelência de se combater a criminalidade dita "tradicional". Com efeito, o sentimento geral de insegurança característico das sociedades contemporâneas faz com que o "medo" de tornar-se vítima de um delito "clássico" – crimes contra a vida, a integridade física, o patrimônio, etc. – aumente consideravelmente.

Como destaca Zaffaroni (2007), embora os "novos inimigos" da sociedade de risco sejam perigosos, não se pode, por meio do Direito Penal para eles especialmente criado, legitimar a repressão sobre os pequenos delinquentes comuns, quais sejam, os *dissidentes internos* ou os *indesejáveis* em uma determinada ordem social. Com isso, pretende-se justificar um controle maior sobre toda a população tendo por escopo prevenir a infiltração dos *terroristas*, reforçando-se, assim, o controle exercido principalmente sobre a clientela tradicional do sistema punitivo.

Assim, a par do Direito Penal criado para a prevenção dos "novos riscos" da sociedade contemporânea, desenvolve-se um crescente interesse por aspectos microssecuritários como as inseguranças relacionadas à "pequena delinquência", que passa a fazer parte do catálogo dos medos dos cidadãos, em função da sua proximidade para com eles. E considerando-se que o risco e o medo do delito, uma vez surgidos, tendem a proliferar – por meio, principalmente, da influência da mídia de massa –, "de modo retroalimentativo, se generan nuevas demandas securitarias, el anhelo de un mundo 'normativamente acolchado', donde los productos normativos se construyen en la lógica de la seguridad, aún a costa de otros valores políticos fundamentales, como la libertad." (Cepeda, 2007, p. 49-50).

Com efeito, paralelamente às normas jurídico-penais que cumprem tão somente com funções simbólicas, há a introdução de novas leis penais aos ordenamentos jurídicos no intuito de promover, efetivamente, a sua aplicação com toda a firmeza, bem como pelo endurecimento das penas cominadas às normas já existentes (Meliá, 2005a). A tendência do legislador, aqui, é "reagir com 'firmeza' dentro de uma gama de setores a serem regulados, no marco da 'luta' contra a criminalidade" (Meliá, 2005a, p. 62), chegando-se, em alguns casos, a medidas repressivas tão drásticas que se configuram em mecanismos de *inocuização* do indivíduo delinquente.

Surge, assim, o paradigma da "segurança cidadã", que parte do pressuposto de que a criminalidade dos socialmente excluídos constitui a "dimensão não tecnológica da sociedade de risco", a justificar, por exemplo, a antecipação da tutela penal tanto pela necessidade de responder com estruturas de perigo às novas formas de criminalidade como pela urgência de atuar contra a desintegração social e a delinquência de rua originada pelos socialmente marginalizados (Díez Ripollés, 2007).

O modelo da segurança cidadã "vampiriza" – na expressão de Díez Ripollés (2007) o debate penal surgido no bojo da sociedade de risco. Para o referido autor (2007, p. 149),

> (...) las vías de acceso del discurso de la seguridad ciudadana al discurso de la sociedad del riesgo vienen constituidas en su mayor parte por una serie de equiparaciones conceptuales que, basándose en la equivocidad de ciertos términos, tratan como realidades idénticas unas que presentan caracteres muy distintos e incluso contrapuestos. En resumidas cuentas, se da lugar a que el discurso de ley y orden parasite conceptos elaborados en otro contexto.

Ou seja, "se establece una ecuación de igualdad entre el sentimiento de inseguridad ante los nuevos riesgos masivos que desencadena el progreso tecnológico, y el *sentimiento de inseguridad callejera* ligado al miedo a sufrir un delito em el desempeño de las actividades cotidianas." (Díez Ripollés, 2007, p. 149-150). No entanto,

> (...) equiparar los riesgos derivados del uso de las nuevas tecnologías con aquellos asentados en la vida cotidiana como consecuencia de la creciente presencia de

bolsas de desempleo y marginación social supone aludir a dos fuentes de riesgo radicalmente distintas en su origen, agentes sociales que las activan, naturaleza objetiva y subjetiva de los comportamientos, y consecuencias nocivas producidas. Su vinculación, más allá de que pueden ambas dar lugar a condutas delictivas, se sustenta únicamente en la amplitud semántica del término riesgo, pero no parece estar en condiciones de rendir frutos analíticos. (Díez Ripollés, 2007, p. 151-152).

Buscando suporte na análise de David Garland (2005) sobre o surgimento de uma "cultura do controle", Díez Ripollés (2007) sustenta que o paradigma da segurança cidadã estabelece-se com base em algumas modificações nas crenças e formas de vida da sociedade contemporânea, que afetam diretamente a política criminal. Estas ideias motoras do novo modelo de intervenção penal que se configura são: a) protagonismo da delinquência clássica; b) prevalência do sentimento coletivo de insegurança cidadã; c) substantivização dos interesses das vítimas; d) populismo e politização do Direito Penal; e) revalorização do componente aflitivo da pena; f) redescoberta da pena privativa de liberdade; g) ausência de receio em face do poder punitivo estatal; h) implicação da sociedade na luta contra a delinquência; i) transformações no pensamento criminológico.

Uma breve análise de cada uma dessas ideias motoras da nova *doxa* punitiva permite uma melhor compreensão da forma como ela se estrutura:

5.1. O protagonismo da delinquência clássica

Como primeira característica do Direito Penal assentado sobre o paradigma da segurança cidadã, tem-se o retorno da proeminência que é dada, no bojo do discurso jurídico-penal, à criminalidade tradicional, ou seja, aos delitos contra bens individuais como a propriedade, a vida, a integridade física, etc., o que representa um movimento de *retorno*, visto que a tendência das últimas décadas do século XX era uma preocupação majoritária com a persecução aos crimes levados a cabo pelos "poderosos", razão pela qual houve, em todo mundo, a produção de grande número de leis penais colimando a punição de tais crimes.

O retorno dos delitos tradicionais ao centro do cenário político-criminal deve-se, segundo Díez Ripollés (2007), à resignação da opinião pública, alguns anos mais tarde à promulgação das leis penais que colimavam a criminalização dos colarinhos brancos, diante da constatação do quão difícil se mostra a operatividade prática de tais dispositivos.

Três fatores principais podem ser apontados como causas dessa desilusão: o primeiro decorre da impressão popular de que os poderosos, por meio de assessoramentos técnicos somente acessíveis a quem tem recursos econômicos ou grande respaldo político, são capazes de explorar abusivamente as garantias do Direito Penal e Processual Penal, logrando, assim, furtar-se tanto à persecução penal em si quanto à condenação e ao cumprimento das penas que eventualmente lhes são impostas; o segundo, decorre do processo de judicialização da política, mais especificamente do aproveitamento sectário da persecução penal por parte dos agentes políticos, o que relega a segundo plano a verificação da realidade e gravidade das condutas delituosas levadas a cabo pelos colarinhos brancos, as quais acabam sepultadas sob as infindáveis acusações recíprocas de condutas semelhantes; por fim, tem-se a postura contemporizadora da doutrina penal em relação aos obstáculos que surgem na persecução da criminalidade de colarinho branco, o que redunda num rebaixamento significativo na intensidade de persecução a essa criminalidade (Díez Ripollés, 2007).

Todos esses fatores, aliados às equiparações conceituais equivocadas suprarreferidas, servem para resgatar no imaginário coletivo o medo relacionado à criminalidade clássica, o que resulta, por meio das pressões populares nesse sentido, no exacerbamento punitivo voltado à criminalidade "tradicional", levada a cabo preferencialmente por membros dos grupos socialmente excluídos, em relação aos quais o medo do Direito Penal se transforma em instrumento de gestão social.

5.2. A prevalência do sentimento coletivo de insegurança cidadã

A segunda característica da política-criminal que se estrutura a partir do paradigma da segurança cidadã diz respeito ao já referido aumento incomensurável do "medo" e da "insegurança" da sociedade em relação à criminalidade, sempre apresentada como ascendente pelos meios de comunicação de massa e pelos discursos políticos mesmo quando tal informação é estatisticamente contrariada.

Esse sentimento, segundo Díez Ripollés (2007), pode ser atribuído a dois fatores principais: o primeiro, relacionado à própria sensação de que não há uma prevenção eficaz à delinquência, o que decorre da confiança cada vez mais escassa da população na capacidade dos poderes públicos em afrontar o problema da cada vez mais assustadora criminalidade; o segundo, decorre do desaparecimento da atitude de compreensão em face da criminalidade tradicional. Ou seja, não mais se considera o pequeno delinquente como um ser socialmente desfavorecido e marginalizado ao qual a sociedade estava obrigada a prestar ajuda, pelo contrário, também sob efeito de equiparações conceituais equivocadas, os delinquentes tradicionais, independentemente da gravidade ou frequência de seu comportamento delitivo, são agora percebidos socialmente como *inimigos internos*, ou seja, como seres que perseguem sem escrúpulos e em pleno uso de seu livre arbítrio, interesses egoístas e imorais, à custa dos interesses legítimos da coletividade. Daí terem se tornado "moda" qualificações como "predador sexual", "criminoso incorrigível", "assassino em série", "jovem desalmado", etc., as quais refletem o atual *status* social desumanizado do delinquente.

Diante desse panorama, grande parte das intervenções punitivas da contemporaneidade, antes de buscar responder ao problema da criminalidade em si, presta-se precipuamente a diminuir as inquietações populares diante da insegurança.

5.3. A substantivização dos interesses das vítimas

Uma terceira característica da política criminal assentada no paradigma da segurança cidadã reside na substantivização dos interesses das vítimas, outrora subsumidos na noção de interesse público.

O princípio da "neutralização da vítima", segundo o qual o papel a ser desempenhado pela vítima no processo penal deve ser limitado de forma a não condicionar o interesse público que subjaz à intervenção punitiva, vem sendo paulatinamente relativizado. Em parte, pelas pressões exercidas pelas ONGs e associações que Silva Sánchez (1999) denomina de "gestoras atípicas da moral", conforme salientado no tópico 1.1; em parte, porque se descobriu a "importância política" das vítimas, dado que uma população com "medo" do crime identifica-se antes com a figura das vítimas que com a figura dos delinquentes, razão pela qual, utilizando-se das vítimas como instrumentos de comunicação política, atende-se – de forma politicamente rentável, é claro – aos anseios da população.[35]

Nesse sentido, Garland (2005) refere a tendência cada vez maior dos partidos políticos na "instrumentalização" das vítimas para anunciar e promulgar leis penais, as quais assumem, não raras vezes, o nome dessas vítimas.[36] Com isso,

> (...) la figura simbólica de la víctima ha cobrado vida propia y cumple un papel en los debates políticos y en los argumentos sobre políticas públicas que a menudo se aleja de lo que reclama el movimiento organizado de las víctimas o de las opiniones manifestadas por las víctimas encuestadas. Éste es un hecho social nuevo y significativo. La víctima ya no es un ciudadano desafortunado que soporta los efectos de un acto delictivo dañino y cuyas preocupaciones están subsumidas en el "interés público" que guía las decisiones de perseguir y sancionar penalmente del Estado. Actualmente la víctima, en cierto sentido, es un personaje mucho más representativo, cuya experiencia se considera como común y colectiva, en lugar de individual y atípica. Quien hable en nombre de las víctimas habla en nombre de todos nosotros, o por lo menos así lo sostiene el nuevo decálogo político de las sociedades con altas tasas de delito. Las imágenes publicitadas de víctimas reales sirven como la metonimia personalizada, propia de la vida real – podría ser usted! –, de un problema de seguridad que se ha convertido en un rasgo definitorio de la cultura contemporánea. (Garland, 2005, p. 46-47).

Nesse contexto, Díez Ripollés (2007) destaca que a relação entre vítimas e delinquentes representa um jogo de soma zero, onde

---

[35] Na análise de Garland (2005, p. 241), "si las víctimas fueron alguna vez el resultado olvidado y ocultado del delito, ahora han vuelto para vengarse, exhibidas públicamente por políticos y operadores de los medios masivos de comunicación que explotam permanentemente la experiencia de la víctima en función de sus proprios intereses. La figura santificada de la víctima que sufre se há convertido en un producto apreciado en los circuitos de intercambio político y mediático y se colocan individuos reales frente a las cámaras y se los invita a jugar ese papel, muchas veces conviertiéndose, durante el proceso, en celebridades mediáticas o activistas de movimientos de víctimas".

[36] No cenário brasileiro, o exemplo mais expressivo desta característica é a Lei Maria da Penha (Lei nº 11.340/06), que instituiu tratamento mais severo para os acusados de "violência doméstica", tendo sido assim nomeada em homenagem a uma vítima deste tipo de violência, que, agredida pelo marido por anos a fio, acabou ficando paraplégica.

qualquer expectativa dos segundos, por exemplo, em relação a garantias processuais ou benefícios penitenciários, é compreendida como uma perda para as primeiras, que as vêem como agravos ou formas de elidir as consequências da condenação; por outro lado, todo avanço na melhora da atenção às vítimas do delito representa em um agravamento das condições existenciais dos delinquentes.

Isso resulta, na ótica do sobredito autor (2007, p. 77-78), em uma inversão de papéis:

> (...) es ahora la víctima la que subsume, dentro de sus propios intereses, los intereses de la sociedad; son sus sentimientos, sus experiencias traumáticas, sus exigencias particulares los que asumen la representación de los intereses públicos; éstos deben particularizarse, individualizarse, en demandas concretas de víctimas, afectados o simpatizantes.

A reintrodução da vítima no bojo do discurso jurídico-penal representa um grave retrocesso, dado que os interesses das vítimas, vingativos por excelência, são instrumentalizados para encabeçar campanhas de Lei e Ordem em detrimento das garantias penais e processuais do Direito Penal liberal.

5.4. Populismo e politização do Direito Penal

Sob a influência cada vez maior da população e dos meios de comunicação de massa, o Direito Penal tem passado, como se procurou assinalar no item 1.4, por um processo de politização populista. Com efeito, na contemporaneidade, toda e qualquer decisão atinente ao controle da criminalidade é rodeada de um discurso politizado e altamente publicizado. Eventuais erros transformam-se em escândalos que podem comprometer a própria manutenção do poder político nas mãos daqueles que são por eles responsabilizados.

Cada vez mais a experiência cotidiana do povo e a sua percepção direta da realidade e dos conflitos sociais passam a ser considerados fatores de primeira importância na hora de configurar leis penais e na aplicação dessas leis, em detrimento dos conhecimentos e opiniões dos expertos, que passam a ser desacreditados porque considerados, em sua maioria, desresponsabilizantes (Díez Ripollés, 2007).

Como assevera Garland (2005, p. 49),

> (...) existe actualmente una corriente claramente populista en la política penal que denigra a las élites de expertos y profesionales y defiende la autoridad "de la gente", del sentido común, de "volver a lo básico". La voz dominante de la política criminal ya no es la del experto, o siquiera la del operador, sino la de la gente sufrida y mal atendida, especialmente la voz de "la víctima" y de los temerosos y ansiosos miembros del público. Hace unas quantas décadas, la opinión pública funcionaba como un ocasional freno de las iniciativas políticas; ahora opera como su fonte privilegiada. Se degrada la importancia de la investigación y el conocimiento criminológicos y en su lugar existe una nueva deferencia hacia la voz de la "experiencia", del "sentido común", de "lo que todos saben".

Para que estas demandas populares se transformem em medidas concretas, é preciso que os agentes institucionais diretamente vinculados à criação do Direito lhes outorguem um acesso privilegiado. É nesse sentido que labutam na contemporaneidade todas as forças políticas dos mais diversos espectros ideológicos. E uma das vias privilegiadas para que essas demandas tenham êxito é a aceleração do tempo legiferante e a irrelevância, quando não a eliminação, no processo de elaboração das leis, do debate parlamentar e governamental mediado por especialistas. Com isso, as forças políticas conseguem estabelecer uma relação imediata entre as demandas populares e a configuração do Direito Penal, obtendo, assim, reflexamente, crédito político (Díez Ripollés, 2007).

Esse processo contribui para um profundo empobrecimento do debate político-criminal, visto que, no afã de atender aos reclamos populares, os partidos políticos limitam-se a competir entre si no sentido de demonstrar quais deles são mais ferrenhos – e, consequentemente, dentro desta lógica, *eficazes* – no combate à delinquência. Esse debate – destaca Zaffaroni (2007) – apresenta uma frontalidade grosseira, dado que sua pobreza criativa é formidável, visto que não se sustenta em racionalizações discursivas. A pobreza de tal debate é tão intensa que não suporta sequer um "academicismo rasteiro". Em síntese, ele se reduz a "mera publicidade", como se procurou demonstrar nos capítulos segundo e terceiro.

5.5. A revalorização do componente aflitivo da pena

Outra importante característica da política criminal balizada no paradigma da segurança cidadã é a revalorização do componente aflitivo da pena, rechaçado, durante a maior parte do século XX, porque considerado anacrônico em um sistema penal moderno. Como assevera Garland (2005, p. 43), "durante la mayor parte del siglo XX era virtualmente tabú la expresión abiertamente asumida de sentimientos vengativos, al menos por parte de los funcionarios del Estado".

No entanto, nos últimos anos, "los intentos explícitos de expresar la ira y el resentimineto públicos se han convertido en un tema recurrente de la retórica que acompaña la legislación y la toma de decisiones en materia penal." (Garland, 2005, p. 43). Cada vez mais são tomados como argumentos os sentimentos das vítimas e/ou seus familiares, bem como de uma população cada vez mais temerosa diante do fenômeno da criminalidade falsamente construído pelos meios de comunicação de massa, para apoiar a elaboração de novas e mais rígidas leis penais.

Este fenômeno encontra-se diretamente relacionado ao processo de desumanização do delinquente supra-assinalado. Com efeito,

> desde una visión marcadamente consensual de la sociedad, que minusvalora las diferencias de oportunidades entre sus miembros, la delincuencia se percibe como un premeditado y personalmente innecesario enfrentamiento del delincuente con la sociedad, que exige uma respuesta que preste la debida atención a la futilidad de las motivaciones que han conducido a ella. (Díez Ripollés, 2007, p. 84).

Nesse sentido, a pena deixa de levar em conta qualquer possibilidade de reabilitação/ressocialização do delinquente, o que conduz a uma revalorização do componente aflitivo da pena, ensejando "una serie de modificaciones sustanciales en el sistema de penas y su ejecución que, en buena parte, se inspira simplemente en el deseo de hacer más gravosas para el delincuente las consecuencias de la comisión de un delito" (Díez Ripollés, 2007, p. 85), o que resta claro a partir do aumento do tempo de prisão cominado para determinados crimes, do endurecimento do regime penitenciário, do estabelecimento de condições mais estritas para a progressão de regime, da criação de regimes disciplinares diferenciados de cumprimento de pena, etc.

5.6. A redescoberta da pena privativa de liberdade

Como sexta característica da política criminal sustentada pelo paradigma da segurança cidadã tem-se a redescoberta da pena de prisão, outrora considerada uma instituição problemática que, embora necessária como último recurso, era contraproducente no que diz respeito aos objetivos correcionalistas. Essa compreensão levou os governos a investirem muito esforço na tarefa de criar alternativas ao encarceramento e sinalizá-las aos juízes penais para que fossem efetivamente aplicadas. Durante a maior parte do século XX parecia produzir-se uma mudança fundamental no sistema de penas, contra o encarceramento e em favor das penalidades monetárias, a *probation* e outras formas de penas supervisionadas pela comunidade (Garland, 2005).

No entanto, nas últimas décadas verifica-se no mundo todo uma inversão dessa tendência, assistindo-se à redescoberta da prisão como pena por excelência, não no que diz respeito à sua capacidade socializadora ou reabilitadora, mas sim como meio de incapacitação (inocuização) e castigo que satisfaz a contento as demandas populares por retribuição e segurança pública (Garland, 2005). Nesse processo,

> (...) una institución con una larga historia de expectativas utópicas e intentos periódicos de reiventarse – primero como penitenciaría, luego como reformatorio y, últimamente, como centro correccional – finalmente ha visto su ambición reducida drásticamente a la incapacitación y el castigo retributivo. (Garland, 2005, p. 51).

Assim, de uma instituição decadente e fadada ao ostracismo, a prisão transforma-se em um importante pilar da ordem social contemporânea, pois permite, como assinalado nos tópicos 1.2 e 1.3, excluir do seio social aqueles indivíduos que se tornam disfuncionais, em prol daqueles que ocupam, nessa mesma sociedade, espaços privilegiados.[37]

---

[37] Garland (2005, p. 291) refere que "la prisión es utilizada actualmente como una especie de reserva, una zona de cuarentena, en la que se segrega a individuos supuestamente peligrosos en nombre de la seguridad pública." Em relação ao caso específico das prisões norte-americanas, o autor sustenta que "el limite que divide a la prisión de la comunidad está fuertemente vigilado y atentamente monitorizado para prevenir que los riesgos se desplacen de un lado al otro. Los delincuentes que son liberados 'en la comunidad' son sometidos a un control mucho más estrecho y frecuentemente son reingresados en espacios custodiales por no haber cumplido con las condiciones que continúan restringiendo su libertad. Para muchos de estos liberados condicionalmente o ex convictos, la 'comunidad' a la que regresan es, en realidad, un terreno estrictamente controlado, un espacio supervisado, en donde carecen de gran parte de la libertad que uno asocia con uma 'vida normal'".

5.7. A ausência de receio em face do poder punitivo estatal

A construção do Direito Penal moderno tem por base o equilíbrio entre a necessidade de proteção de determinados bens jurídicos imprescindíveis para a convivência humana e a preocupação constante com a não intromissão do poder público nos direitos e liberdades individuais do cidadão. Em virtude disso, os modelos de intervenção penal construídos com base nessa tensão sempre sofreram restrições em sua função de tutela dos interesses sociais em decorrência da desconfiança da cidadania acerca da capacidade dos poderes públicos de usarem moderadamente das amplas possibilidades de atuação que lhes são outorgadas pelos instrumentos de persecução delitiva e execução de penas (Díez Ripollés, 2007).

Este receio em face de eventuais abusos passíveis de serem cometidos pelo Estado no exercício do poder punitivo, no entanto, é paulatinamente relativizado no bojo do discurso jurídico-penal da segurança cidadã, em nome da eficiência que se exige por parte do sistema punitivo na persecução à criminalidade.[38]

Essa "disponibilidade" da cidadania não se refere somente à megacriminalidade, mas abarca a delinquência como um todo, em virtude do fato de que "los ciudadanos no delincuentes ya no temen a los poderes públicos en el ejercicio de sus funciones represivas, no se sienten directamente concernidos por los excesos que con este fin puedan llevar a cabo." (Díez Ripollés, 2007, p. 92).

A associação dessa ausência de receio em face do poder punitivo estatal com a cultura da emergência de que fala Cepeda – conforme destacado no tópico 1.1 – conduz a um panorama no qual atitudes até pouco tempo atrás inadmissíveis ganham espaço em nome de uma maior eficiência na segurança pública. Como exemplos dessas medidas tem-se a utilização de instrumentos de vigilância eletrônica em espaços públicos,[39] a simplificação dos pro-

---

[38] Como salienta Díez Ripollés (2007, p. 91), "en el marco de sociedades democráticas, con un amplio elenco de libertades individuales legalmente reconocidas y efectivamente ejercidas, se está generalizando la idea de que hay que renunciar a las cautelas existentes encargadas de prevenir los abusos de los poderes públicos contra los derechos individuales, a cambio de uma mayor efectividad en la persecución del delito".

[39] Segundo reportagem exibida no programa Fantástico, em 26 de julho de 2009, o Brasil tem hoje cerca de 1,3 milhões de câmeras de vigilância, segundo estimativa da associação das empresas do setor. No corpo da matéria, disponível em < http://fantastico.globo.com >, lê-se o

cedimentos de adoção de medidas penais, a facilitação da prisão preventiva, etc. (Díez Ripollés, 2007).

Ademais, a ausência de receio em face do poder sancionatório estatal prestigia modos de operação do sistema punitivo altamente violadores dos direitos e liberdades individuais, como por exemplo: a) a conivência diante da rudeza policial desde que haja uma ação instantânea, o que redunda em atuações apressadas que incidem sobre objetivos equivocados; b) a transformação pelo legislador de qualquer problema social em delito; c) a flexibilização, pelo Judiciário, de garantias penais e processuais penais em atendimento às demandas populares por maior eficiência; d) a preocupação por parte dos agentes da execução penal no sentido de que o delinquente não seja tratado de maneira muito generosa no cumprimento da pena (Díez Ripollés, 2007).

5.8. A implicação da sociedade na luta contra a delinquência

O paradigma da segurança cidadã implica uma mudança de atitude por parte da sociedade em relação ao delinquente. Ao invés da ação voltada à gênese da criminalidade, no sentido de evitar a atuação do sistema punitivo por meio do apoio social ao criminoso ou à pessoa em vias de incidir em um delito por meio do reforço dos vínculos sociais destas pessoas, passa-se a uma ação voltada à colaboração com o sistema punitivo, no sentido de identificação e persecução aos delinquentes. Busca-se fazer com que a comunidade, "mediante una estrecha colaboración con la policía, aprenda y acepte poner en práctica por sí misma técnicas y habilidades que permitan sustituir o incrementar la eficacia de las intervenciones policiales para prevenir o peseguir el delito." (Díez Ripollés, 2007, p. 94).

---

seguinte trecho: "Quantas câmeras estão de olho em nossa vida? Para fazer essa conta, o Fantástico convidou a advogada Aline Carvalho, no Rio de Janeiro. Da entrada do prédio em que trabalha até a porta do escritório, ela passa por sete câmeras. De tarde, Aline vai à academia de ginástica. São mais três câmeras. Num pulo no shopping center, flagramos pelo menos outras quatro – mas olha que shopping tem centenas delas. Aline para no posto de gasolina antes de voltar para casa – duas câmeras. Enfim, ao entrar em casa, mais sete câmeras. Entre idas e volta, num dia normal Aline passa diante de, pelo menos, 25 câmeras. Isso sem contar as câmeras que monitoram o trânsito".

Isso redunda numa mudança de atitude da comunidade em relação ao delinquente: antes de buscar a sua inclusão social, busca-se a sua exclusão do tecido societal.

5.9. As transformações no pensamento criminológico

Para a consolidação do paradigma da segurança cidadã torna-se imprescindível uma transformação no pensamento criminológico, de forma a afastar os argumentos outrora propalados pelas teorias psicológicas/sociológicas do delito, a exemplo das teorias da anomia, da subcultura e do etiquetamento desenvolvidas entre as décadas de 60 e 80 do século passado, que, mescladas ou não, partiam de um argumento explicativo central: o da privação social, ou seja, o de que os indivíduos enveredavam pelo caminho da delinquência em virtude do fato de terem sido privados de uma educação adequada, de uma socialização familiar, de oportunidades laborais ou, ainda, de um tratamento adequado de sua disposição psicológica anormal. A atitude esperada por parte dos poderes públicos, diante das causas indicadas para o fenômeno da criminalidade, consistia no tratamento correcional individualizado, aliado ao apoio e supervisão das famílias dos delinquentes e em medidas de reforma social que melhorassem o seu bem-estar, por meio da educação e da criação de empregos (Garland, 2005).

Em oposição, o atual pensamento criminológico majoritário – que começou a tomar proeminência a partir da década de 90 do século passado – é norteado pela ideia de que não são a marginalização ou a exclusão sociais as causas da delinquência, mas que esta é fruto de um defeito, qual seja, da insuficiência de *controle* social, de forma que, para enfrentá-la, torna-se imprescindível incrementar este controle. Como assevera Garland (2005, p. 52),

(...) las teorías que ahora moldean el pensamiento y la acción oficial son *teorías del control*, de diversas clases, que consideran el delito como un problema, no de privación, sino de control inadecuado. Controles sociales, controles situacionales, autocontroles: éstos son ahora los temas dominantes de la criminología contemporánea y de las políticas de control del delito a las que han dado origen.

Ou seja, ao contrário das teorias criminológicas que viam no delito um processo de socialização insuficiente e que portanto reclamavam do Estado a ajuda necessária para que aqueles que haviam sido privados de provisões econômicas, sociais e psicológicas necessárias para uma conduta social respeitosa à lei, as teorias do controle partem de uma visão pessimista da condição humana, ao suporem que os indivíduos são atraídos por condutas egoístas, anti-sociais ou delitivas a menos que sejam inibidos por controles sólidos e efetivos (Garland, 2005).

Assim, "mientras la antigua criminología exigía mayores esfuerzos en las partidas presupuestarias a la ayuda y el bienestar social, la nueva insiste en ajustar los controles y reforzar la disciplina." (Garland, 2005, p. 53). Isso porque se parte da compreensão de que os delinquentes são atores racionais que respondem a desincentivos e são plenamente responsáveis por seus atos delitivos. Nessa lógica, os delinquentes apenas "aproveitam" as oportunidades que lhes são apresentadas para a prática delitiva, razão pela qual as soluções que se apresentam para essas "tentações" transitam por duas vias principais: a) pelo reforço dos efeitos intimidatórios e reafirmadores da vigência das normas, próprios de penas suficientemente graves, a fim de que os delinquentes possam, por meio de um processo racional, incorporar esses "custos" em seus cálculos, desistindo, assim, da prática delitiva; b) pelo desenvolvimento de políticas de prevenção situacional que deslocam a atenção do delinquente do delito, buscando reduzir as oportunidades delitivas e as tornar menos atrativas pela incorporação de medidas de segurança de todo tipo (Díez Ripollés, 2007).

Sintetizando os argumentos centrais do novo pensamento criminológico, Garland (2005, p. 53) sustenta que

> (...) un rasgo importante de este enfoque es que impulsa que la acción publica desplace su focalización en el delito y el individuo delincuente hacia *el evento delictivo*. El nuevo foco de atención es la existencia de oportunidades delictivas y de "situaciones criminógenas". El supuesto es que las acciones delictivas se darán habitualmente si no existen controles y hay blancos atractivos disponibles, tengan o no los individuos una "disposición delincuente" (que, en el caso de que exista es, de todos modos, difícil de cambiar). Se debe centrar la atención no en los individuos sino en los hábitos de la interacción, el diseño espacial y la estructura de controles e incentivos que está presente en los mismos. La nueva orientación política intenta concentrarse en sustituir la cura por la prevención, reducir la disponibilidad de oportunidades, incrementar los controles situacionales y sociales y modificar las rutinas cotidianas. El bienestar de los grupos sociales desfavorecidos o las necesidades de los individuos inadaptados son mucho menos medulares para este modo de pensar.

Demonstra-se, assim, que o novo pensamento criminológico bem traduz a lógica de substituição das instituições de assistência típica de um modelo de Estado de Bem-Estar Social por instituições penais, conforme o descrito no tópico 1.2, o que transforma o sistema penal em um instrumento de criminalização dos estratos mais pobres da sociedade, os quais, pela sua condição socioeconômica e pelo tipo de criminalidade cometida, colocam em risco, aos olhos da classe detentora do poder econômico, a paz e a ordem social. O escopo da hipertrofia do "controle" da criminalidade por meio da utilização do Direito Penal, nesse contexto, tem por escopo justamente garantir a segurança daqueles que participam ativamente da sociedade de consumo, de forma a livrá-los da presença indesejável da pobreza que incomoda por ser inconveniente aos desígnios do capital e que, por isso, precisa ser constantemente vigiada, controlada e, sempre que possível, punida.

A partir das principais características do paradigma da segurança cidadã acima apontadas, torna-se possível afirmar que, no centro do debate sobre a persecução à criminalidade no bojo desse discurso jurídico-penal, encontra-se uma racionalidade pragmática que prima pela eficácia e efetividade da intervenção penal, olvidando-se de toda e qualquer consideração etiológica sobre a criminalidade, razão pela qual o modelo de Direito Penal que se estrutura a partir de tais premissas encontra-se "asentado sobre un proyecto político de *consolidación de las desigualdades sociales* y de *fomento de la exclusión social* de ciertos colectivos ciudadanos." (Díez Ripollés, 2007, p. 189).

Em um contexto tal, "a política criminal é inflada, ocupando os espaços normalmente destinados às outras políticas disciplinares de controle social. Há uma substituição das políticas disciplinares inclusivas e integradoras por práticas de exclusão e segregação baseadas quase unicamente nas medidas penais." (Dornelles, 2008, p. 42). Surge, assim, uma espécie de "fundamentalismo penal criminalizador dos conflitos sociais, que substitui a mediação política nas relações sociais por um direito penal de emergência, com caráter contra-insurgente." (Dornelles, 2008, p. 46). Questões sociais são transformadas em "questões de polícia" e, em nome da celeridade da resposta aos conflitos sociais, passa-se a renunciar às garantias legais processuais ínsitas ao Direito Penal liberal e presentes na maioria das Constituições modernas e nos Tratados Internacionais de Direitos Humanos.

Este modelo de Direito Penal só é possível a partir do desaparecimento de atitudes tolerantes em relação às condutas delitivas ou simplesmente não convencionais inerentes a toda sociedade aberta e pluralista, abrindo, reflexamente, espaço para uma intervenção estatal altamente autoritária. Como destaca Cepeda (2007, p. 430), trata-se de um programa que "amplía el arbitrio para decidir si procede una intervención y cómo realizarla, ofreciendo un modelo reaccionario desligado de los principios y garantías del Derecho penal, con el fin de conseguir mayor flexibilidad y supuesta eficacia".

Características desse modelo de intervenção punitiva, portanto, são: a) a não observância da proporcionalidade[40] entre infração e reação, assim como a violação à segurança jurídica, visto que é impossível determinar os pressupostos e consequências da reação estatal em face do delito; b) a criação de visões estereotipadas de certos estratos sociais e a consequente criminalização destes grupos (Cepeda, 2007).

Com efeito, o modelo de Direito Penal assentado no paradigma da segurança cidadã é um modelo classista que,

> (...) de un modo insostenible ideológicamente dentro de las sociedades socialdemócratas actuales, establece muy significativas diferencias entre las intervenciones sociales a praticar sobre las conductas lesivas de los sectores socialmente poderosos, y aquellas que deben ejercerse sobre comportamientos nocivos de las clases baja y marginal. A tal fin, lleva a cabo un prejuicioso análisis de la lesividad de los comportamientos a considerar, en virtud del cual convierte la criminalidad común en un factor desestabilizador del orden político y social de primer orden, haciéndola,

---

[40] O princípio da proporcionalidade, segundo Callegari (2007, p. 62), "obriga a ponderar a gravidade da conduta, o objeto de tutela e a conseqüência jurídica. Assim, trata-se de não aplicar um preço excessivo para obter um benefício inferior: se se trata de obter o máximo de liberdade, não poderão prever-se penas que resultem desproporcionais com a gravidade da conduta". Desta forma, e ainda de acordo com o referido autor, o princípio da proporcionalidade implica, primeiramente, na ponderação sobre a rentabilidade da intervenção do Direito Penal para a tutela do bem jurídico, ou seja, aferir se o bem jurídico tem suficiente relevância para justificar uma ameaça de privação de liberdade em geral e uma limitação efetiva no caso de imposição da pena. Em segundo lugar, implica na aferição da gravidade da conduta delitiva, ou seja, o grau de lesão efetiva ou perigo sofrido pelo bem jurídico protegido, uma vez que um ataque/lesão ínfimo a ele não pode justificar a intervenção do direito punitivo. Tal ponderação decorre da compreensão de que as normas penais só encontram legitimação na medida em que geram mais liberdade do que a que sacrificam. Caso contrário "elas serão qualificadas de normas injustificadas por desproporcionais. Tal desproporção poderá provir da falta de necessidade da pena, no sentido de que uma pena menor ou uma medida não-punitiva podem alcançar os mesmos fins de proteção com similar eficácia." (Callegari, 2007, p. 63).

consecuentemente, el objeto central de la intervención penal. (Díez Ripollés, 2007, p. 190).

Se, dentro da lógica neoliberal, os pobres têm utilidade zero – como destacado no tópico 1.2 – deve-se ter, em relação a eles, "tolerância zero", lembra Cepeda (2007).[41] Olvidando-se do fato de que "el desacierto de la política estructural nunca puede ser compensado a través del Derecho penal" (Albrecht, 2000, p. 487), e relegando, consequentemente, a segundo plano as origens sociais da criminalidade, o modelo de Direito Penal que se implementa a partir do paradigma da segurança cidadã abandona qualquer tentativa de buscar a integração social dos delinquentes, preconizando precipuamente pela sua eliminação do tecido societal.

Ou seja, a partir desta redefinição de prioridades pautada na ideia de segurança, impõe-se um modelo de controle pautado na exclusão/inocuização de uma parte da população que não tem nenhuma função dentro do atual modelo econômico, o que constitui uma revalorização da ideia de fragmentação ou separação como fundamento da ordem. Os destinatários desse controle são os "outros", os inimigos da sociedade, os novos *homo sacer* do século XXI. Nesse contexto, o controle social se despoja das "amarras" do Estado de Bem-Estar, e aparece desnudo em seu sentido mais direto e cruel: renuncia-se expressamente qualquer intenção de integração dos espaços marginais e se propõe um controle voltado a redistribuir os riscos inerentes a esses espaços até torná-los "toleráveis" (Cepeda, 2007).

Como destaca Brandariz García (2004, p. 51)

> (...) de la misma forma en que se constata la irreductible existencia del riesgo y la imposibilidad de garantizar por los medios clásicos la seguridad, el sistema penal del Estado contemporáneo funciona asumiendo la ineludible existencia de relevantes y sostenidos niveles de exclusión social, a los que se enfrenta con una intención de gestión, y ya no de superación mediante el ideal reintegrador.

Por fim, a concentração dos esforços político-criminais em uma abordagem estrita das manifestações delitivas, descuidada das suas

---

[41] "Recordemos aquello de que: 'hay que limpiar las calles'. Bajo ese lema se hostiga y persigue a quienes viven en las calles: a los jóvenes, a los mendigos, a las prostitutas, a los inmigrantes... Se les somete a controles rutinarios de identidad, a cacheos, al registro de papeles y objetos personales, se verifican redadas periódicas en sus lugares de encuentro, se les conduce a la comisaría, se les detiene atribuyéndoles desobediencia a las ordenes de la policía..." (Cepeda, 2007, p. 430).

causas sociais e políticas, "pone de forma poco realista las esperanzas em los efectos del aislamiento social de colectivos cada vez más amplios", bem como nos "efectos comunicativos de una política de ley y orden que, tarde o temprano, mostrará sus endebles capacidades para la erradicación de las raíces de la delincuencia." (Díez Ripollés, 2007, p. 192).

Em síntese, tais atitudes refletem posturas repressivistas/punitivistas que concebem como principal causa da criminalidade clássica/tradicional na sociedade contemporânea o afrouxamento na repressão e a impunidade de grande parte dos envolvidos com esses crimes. Neste sentido propõem um maior endurecimento nas penas, a supressão de garantias e a busca pela superação da impunidade como estratégia primeira de segurança pública. Exsurgem daí a falsidade e a perversidade deste discurso, uma vez que o aumento do número de condutas definidas como criminosas, assim como o maior rigor na aplicação da pena, significam tão somente mais pessoas presas e não necessariamente menos conflitos sociais, ratificando, assim, o projeto neoliberal de separação, exclusão e inocuização daqueles estratos sociais que se tornam "descartáveis" para a nova estrutura econômica.

6. Manifestações do Direito Penal do Inimigo e do paradigma da segurança cidadã na legislação penal infraconstitucional brasileira

Uma análise da legislação penal infraconstitucional que vem sendo produzida no Brasil, mesmo a partir da promulgação da Constituição Federal de 1988, demonstra a existência de vários pontos de contato com o Direito Penal do Inimigo e com o paradigma da segurança cidadã. O que chama atenção é que todos os textos legais referidos foram produzidos há alguns anos e até agora a doutrina sempre os criticou, porém, sem qualquer ligação com o Direito Penal do Inimigo e/ou com o paradigma da segurança cidadã. De outro lado, houve uma severa crítica principalmente em relação à obra de Jakobs, mas, na prática, pode-se afirmar que o mérito do referido autor é demonstrar o que já vem acontecendo em nossa lei, apenas sem a utilização explícita da forte nomenclatura por ele utilizada (Direito Penal do Inimigo).

Como assinala Zaffaroni (2001, p. 158), justamente o vocabulário empregado é o melhor acerto de Jakobs, uma vez que

> (...) sua terminologia põe em apuros todo o penalismo,[42] dado que, ao resgatar e tornar explícito o conceito de *inimigo* ou de *estranho* e seu inevitável caráter de *não pessoa*, ele desnudou o fenômeno [...]. Pode-se afirmar que o maior mérito desta proposta é a clareza e a frontal sinceridade com que o problema é definido.

---

[42] Segundo Zaffaroni (2001, p. 162), "embora tenha recebido as mais fortes críticas por afirmar, partindo do normativismo, que o inimigo não deve ser considerado *pessoa*, em bom rigor esta proposta de contenção é coerente com todo o direito penal do século XX, que, como vimos, foi teorizado com base na admissão de que alguns seres humanos são *perigosos* e que só por isso devem ser segregados ou eliminados. Sem afirmá-lo explicitamente, eles foram *coisificados*, deixaram de ser considerados *pessoas*, e isso foi ocultado, quase sempre, mediante racionalizações. Neste sentido, a proposta de Jakobs não deve causar tanto escândalo [...]".

Com efeito, as características típicas do Direito Penal do Inimigo e do paradigma da segurança cidadã já se encontram estampadas em nossa legislação, dissimuladas ou rotuladas com outros adjetivos (leis de emergência, de exceção, populistas, etc.). Por isso, embora a obra de Jakobs possa ser criticada sob uma ótica, demonstra, por outro lado, processos legislativos de exceção já existentes, apenas não reconhecidos por este nome. Basta para tanto verificar-se que no Direito Penal do Inimigo se renuncia às garantias materiais e processuais do Direito Penal tradicional, e esse fato já ocorre em diversas leis vigentes no país.

Dentre as características já analisadas do Direito Penal do Inimigo e do paradigma da segurança cidadã, encontramos uma modificação na técnica de tipificação das condutas,[43] ampliando-se a antecipação da punibilidade, isto é, atos que em tese configurariam somente *atos preparatórios*, por regra não puníveis na legislação.[44] Mediante esta técnica de tipificação se criminalizam determinadas condutas que aparecem previamente a qualquer fato delitivo tradicional, punindo-se quem atua neste estágio prévio. Isso pode ser demonstrado, por exemplo, na frequente busca por uma tentativa de tipificação do crime organizado, isto é, de punição de quem, pelo fato de pertencer a uma organização criminosa (estágio prévio criminalizado), já sofreria as sanções correspondentes.

Também dentro das características legislativas de um Direito Penal do Inimigo e do paradigma da segurança cidadã se verifica a desproporcionalidade das penas. De um lado, a já mencionada punição em estágios prévios à comissão do delito, sem qualquer possibilidade de redução pela tentativa. De outro, o aumento das penas pelo simples fato de o autor pertencer a uma organização criminosa.[45] Não podemos nos olvidar que houve aumento de pena também na Lei dos Crimes Hediondos, sem qualquer justificativa coerente para a desproporcionalidade ali existente.

---

[43] Daunis Rodríguez (2005) assinala que a técnica de tipificação para proteger interesses vagos e genéricos necessita que a conduta que define a ação típica seja também aberta e indeterminada, capaz de criminalizar uma amplitude de condutas e permitir uma interpretação ampla do legislador.

[44] Jescheck (1993) afirma que somente por especiais razões político-criminais se presta o legislador a castigar com caráter excepcional algumas ações preparatórias, distinguindo os caminhos adotados pelo legislador.

[45] A Lei 9.613/98 já possui dispositivo neste sentido, isto é, aumentando a pena do sujeito que participa de organização criminosa (art. 1º, § 4º).

Outro sinal característico da influência do Direito Penal do Inimigo na legislação ocorre no âmbito das restrições das garantias processuais ao acusado. Questiona-se a presunção de inocência, a exigência da licitude e admissibilidade da prova, introduzem-se medidas amplas de intervenção nas comunicações, de investigações secretas ou clandestinas, de incomunicabilidade e amplia-se o prazo de prisão para investigação (Gracia Martín, 2005).

Assim, várias medidas vão sendo introduzidas na legislação que restringem os direitos e garantias fundamentais assegurados na Constituição Federal, medidas que, embora tenham vigência, não podem ser consideradas válidas. Na busca desenfreada de uma solução para a criminalidade, o Direito Penal do Inimigo e as manifestações do paradigma da segurança cidadã aparecem disfarçados. Veja-se, por exemplo, a possibilidade do sigilo do inquérito policial em relação aos advogados, a busca e apreensão realizada em escritórios de advocacia, a inversão do ônus da prova na Lei de Lavagem de Dinheiro, a gravação através de vídeo das audiências realizadas, sem a devida degravação,[46] etc.

Finalmente, também mostrando sinais de contaminação pelo Direito Penal do Inimigo, aparece a legislação penitenciária ou de execução penal, limitando benefícios, endurecendo a classificação dos presos, permitindo o isolamento e outras medidas de restrições (Regime Disciplinar Diferenciado).

A seguir, passa-se a fazer uma análise mais detalhada de alguns diplomas legais brasileiros nos quais as características do Direito Penal do Inimigo e do paradigma da segurança cidadã se mostram de maneira bastante clara.

6.1. A lei dos crimes hediondos: a normalização de uma norma de exceção no bojo do Estado Democrático de Direito

Como já salientado nos capítulos precedentes, a reedição de uma linha dura em matéria de controle social formal constitui um

---

[46] As gravações das audiências através de vídeo constituem-se num procedimento normal adotado na 1ª Vara Criminal Federal de Porto Alegre, respaldadas por um Provimento do Tribunal Regional Federal da 4ª Região. A defesa pode pedir que lhe seja gravado um CD com a cópia do ato realizado.

mecanismo de gestão cidadã e institucional da emergência e da sensação social de insegurança. Com efeito, este modo de gestão, sintetizado em retóricas discursivas como as de "lei e ordem" ou de "tolerância zero", apresentado como o antídoto mais fácil contra a emergência desse alarme social, supõe uma submissão aos ditados da gramática presente nos meios de comunicação, ao tempo que gera efeitos político-eleitorais imediatos (Brandariz García, 2004).

Nesse sentido, Silva Franco (2000) assinala que sob o impacto dos meios de comunicação de massa, mobilizado pelos delitos de extorsão mediante sequestro, que haviam atingido pessoas importantes no meio social, um medo difuso e irracional, acompanhado de desconfiança para com os órgãos oficiais de controle social, tomou conta da população, atuando como um mecanismo de pressão ao qual o legislador não soube resistir. Na linha de pensamento da *Law and Order*, surgiu, então, a Lei dos Crimes Hediondos (Lei 8.072/90) que é, sem dúvida, um exemplo significativo de uma posição político-criminal que expressa, ao mesmo tempo, radicalismo e passionalidade.

Assim, sob o efeito hipnótico dessa nova solução legislativa, o legislador ordinário, de um momento para o outro, passou a dar tratamento distinto aos autores de determinados crimes já existentes, porém, agora com etiqueta nova porque levaram o nome de hediondos.

Portanto, a partir do ano de 1990, o legislador brasileiro considerou hediondos os seguintes crimes: tráfico de entorpecentes; prática de tortura;[47] terrorismo; homicídio praticado por grupo de extermínio e qualificado;[48] latrocínio; extorsão qualificada pela

---

[47] Até o advento da Lei nº 9.455/97, o crime de tortura não era objeto de atenção especial do legislador, em que pese a menção constitucional (art. 5º, XLIII, CF) e na Lei dos Crimes Hediondos, assim como o fato de ter o Brasil ratificado a "Convenção contra a tortura e outros tratamentos ou penas cruéis, desumanas e degradantes de 1984", assim como a "Convenção interamericana para prevenir e punir a tortura de 1985". No Código Penal a tortura era considerada circunstância agravante (art. 61, II, *d*) ou qualificadora (a exemplo do art. 121, parágrafo segundo, inciso III). No entanto, foi com a grande divulgação pela imprensa e a consequente indignação popular em virtude das arbitrariedades cometidas por policiais na favela Naval de Diadema, em São Paulo, que a Lei 9.455/97 foi rapidamente inserida em nosso ordenamento jurídico, tipificando a tortura como delito autônomo.

[48] A inclusão dos crimes de homicídio qualificado e de homicídio simples praticado em atividade típica de grupo de extermínio no rol dos crimes hediondos, por meio da Lei nº 8.930/94, teve origem em fatos de grande repercussão nacional que, por meio da influência de campanhas midiáticas, motivaram a alteração legislativa. O primeiro desses fatos foi o assassinato

morte; extorsão mediante sequestro e na forma qualificada; estupro; atentado violento ao pudor; epidemia com resultado morte; falsificação, corrupção ou alteração de produto destinado a fins terapêuticos ou medicinais[49] e o crime de genocídio.

As consequências jurídicas da rotulação desses crimes como hediondos pode demonstrar uma contaminação da legislação ordinária pelo Direito Penal do Inimigo, pois, de fato, os autores destes crimes passaram a ter um tratamento diferenciado, com restrições de garantias penais e processuais.

A ideia posta na Lei dos Crimes Hediondos aproxima-se muito ao que foi dito por Jakobs (2005) ao tratar do tema. É que as pessoas que infringirem um dos delitos previstos na Lei dos Crimes Hediondos já não participariam do modelo ideal de garantias penais e processuais penais, ou seja, já não viveriam dentro da mesma relação jurídica que as demais.

Embora a Lei dos Crimes Hediondos não chegue ao extremo, no sentido de retirar todos os direitos garantidos aos demais criminosos que não praticam os delitos nela previstos, acaba suprimindo várias garantias penais, processuais e de execução penal aos que praticam os delitos ali contidos, o que vale dizer que determina um tratamento diferenciado ao autor do delito.

Ora, diante da regulamentação da persecução penal aos autores de crimes considerados hediondos no Brasil, torna-se possível asseverar que o paradoxo que se apresenta na contemporaneidade é que as normas que eram excepcionais ou de emergência, pensadas para determinados contextos de criminalidade, estão perfeitamente

---

da atriz Daniela Perez, em 1992, filha da autora de novelas Glória Perez, que iniciou, a partir da morte da filha, aliada à Sra. Jocélia Brandão, mãe de uma menina sequestrada e morta em Belo Horizonte em 1993, um forte movimento de manipulação da opinião pública, por meio do comparecimento a programas televisivos e da publicação de seus atos de protesto contra a "impunidade" na mídia escrita e falada, no sentido de inclusão do homicídio qualificado no rol dos crimes hediondos, inclusive por meio de "abaixo-assinados". Por outro lado, as chacinas da Candelária e da favela de Vigário Geral, ambas ocorridas no ano de 1993, no Rio de Janeiro, ao chocarem a opinião pública em virtude da perversidade das execuções, redundaram na inclusão do homicídio simples praticado em atividade típica de grupo de extermínio na Lei dos Crimes Hediondos.

[49] A inclusão deste crime no rol dos crimes hediondos ocorreu em virtude do escândalo promovido pela mídia em torno dos casos de falsificação de remédios – a exemplo do anticonceptivo Microvlar (explorado pela mídia como o caso das "pílulas de farinha") e o remédio para câncer de próstata Androcur –, o que motivou a alteração legislativa por meio da Lei nº 9.695/98.

integradas no modelo penal, aliás, com muito mais força quando se trata de um modelo de segurança do cidadão.

No caso brasileiro, a excepcionalidade da Lei dos Crimes Hediondos foi apresentada, como sua própria denominação indica, como solução de caráter extraordinário e restrito, pensada exclusivamente para o enfrentamento dos crimes assim rotulados. Ao mesmo tempo, sua excepcionalidade se projetava também sobre o plano temporal, já que aparecia como uma solução com prazo de validade, desenhada até o desaparecimento do fenômeno criminal frente ao qual surgia (sequestros, tráfico de entorpecentes, etc.).

No entanto, o que se verifica com o passar dos anos é que o fenômeno criminal (crimes hediondos) não comportou a própria validade da normativa penal de exceção ou de emergência. A etapa vivida desde então evidencia uma normalização da exceção, à qual parece haver contribuído certa assunção, institucional e social, da compatibilidade daquela Lei com o Estado de Direito e com o marco constitucional.

É verdade que alguns tribunais não aplicaram a Lei dos Crimes Hediondos de forma integral ou a rejeitaram parcialmente, porém, este fato não impediu que ela integrasse normalmente o ordenamento jurídico e, o que foi pensado para uma situação de emergência, passou para a normalidade. Ademais, a própria discussão sobre a constitucionalidade da norma perdeu força com o tempo, o que a tornou compatível com o Estado de Direito e o marco constitucional pátrio.

Assim, pode-se afirmar que houve a normalização da exceção, pelo menos em dois sentidos. Em primeiro lugar, na medida em que as emergências criminais tendem a multiplicar-se (imigração irregular, narcotráfico, etc.) e tornarem-se cada vez mais frequente, com independência da maior ou menor entidade quantitativa, ou inclusive, qualitativa (emergência penal em torno da problemática da pedofilia, violência doméstica, etc.). Normalização, em segundo lugar, na medida em que após a cessação ou contração dessas ameaças criminais específicas, a concreta regulação de exceção prevista para elas permanece em vigor, legitimando os efeitos de limitação de liberdades que derivam de suas disposições (Brandariz García, 2007).

O que mais aparece em nosso sistema penal é a normalização das normas de exceção quando cessam as aparentes ameaças criminais que as originaram, sem qualquer preocupação se houve uma resposta efetiva ou se a ameaça ainda existe. Assim, fica patente a legitimação da supressão de garantias e de liberdades pelo sistema jurídico, sem qualquer preocupação com a efetividade das normas editadas. Esse fato parece agradar o legislador, pois, em matéria penal, é de fácil aceitação a normalização das regras de exceção, ainda que tenham sido criadas para fatos ou situações específicas, o que por si só já contraria uma Política Criminal séria.

Todos esses fatos levam à conclusão de que se mesclam conceitos em nome de uma suposta segurança do cidadão, onde o importante é mais o caráter simbólico de uma política simplista do que a sua real efetividade. Assim, justifica-se a edição de normas supressivas de direitos e garantias fundamentais, tudo em nome de um controle social absoluto, onde imperam as normas recrudescedoras do Direito Penal.

6.2. A questão da persecução penal ao crime organizado no Brasil

6.2.1. O (re)surgimento do crime organizado para o Direito Penal

O crime organizado, antes relacionado a pequenos grupos praticantes de ações delituosas, hoje figura, como consequência da globalização e dos avanços tecnológicos, como uma das formas de criminalidade mais preocupantes na sociedade contemporânea. Inseridas em nossa sociedade globalizada, as organizações criminais transformaram um mercado de ingressos ilegais organizados de forma artesanal em um mercado ilícito empresarial gerenciado internacionalmente. Os avanços tecnológicos nos sistemas de comunicação, de transmissão de informação e de transporte foram fundamentais para determinadas atividades do crime organizado. De fato, com os meios, as estruturas e *know how* implicados, as organizações criminais transnacionais obtêm benefícios sem precedentes, seja pelo elevado número de clientes, seja pelos escassos custos econômicos e penais a respeito daquelas atividades tradicionais (Cepeda, 2007).

Ocorre que, em decorrência das equiparações conceituais equivocadas de que trata Díez Ripollés (2007) – analisadas no capítulo anterior – a delinquência organizada deixou de ser tão somente o arquétipo das grandes e complexas organizações criminais, com capacidade para afetar somente a estrutura socioeconômica e institucional de nossas sociedades, para passar a ser objeto de atenção preferente das manifestações associativas ligadas à delinquência tradicional, como grupos de assaltantes ou sequestradores, estruturas de tráfico ilícito de média importância, redes de pornografia infantil e as organizações terroristas (Cepeda, 2007).

Por outro lado, efetivamente, a expansão internacional da atividade econômica e a abertura ou globalização dos mercados são acompanhados da correlativa expansão ou globalização da criminalidade, que frequentemente apresenta um caráter transnacional, podendo-se afirmar que a criminalidade organizada é a da globalização (Choclán Montalvo, 2000).

Meliá (2008) assinala que os delitos relacionados às *associações ilícitas* – e, dentro destas, de modo específico as infrações de pertencer a uma organização terrorista – estão hoje num momento de franca expansão, ao menos em toda a Europa. Esta evolução tem lugar em um marco geral em que uma legislação puramente simbólica e impulsos punitivistas se potencializam mutuamente cada vez com maior intensidade, desembocando em uma expansão quantitativa e qualitativa do Direito Penal.

Apesar destas considerações, é possível verificar que não só houve uma mudança na comissão dos delitos antes praticados, como também houve um incremento qualitativo na forma da comissão de outros delitos. Isso significa a passagem de uma fase de comissão de delitos denominados clássicos para outra de delitos mais complexos ou não tradicionais (delitos econômicos, ambientais, etc.). É claro que a comissão dos delitos clássicos como homicídio, lesões, furto, estelionato, etc., persiste, porém, além disso, houve um aumento significativo na comissão de outros delitos antes não incriminados ou sem a devida significância na esfera penal.

Ademais, a forma de incriminação das condutas sofreu importantes alterações, introduzindo-se cada vez mais tipos penais abertos, de perigo ou normas penais em branco, fato este que sempre foi combatido por acarretar insegurança jurídica. Como refere Meliá (2008), a doutrina que vê o *injusto* do delito de organização criminosa na antecipação dos futuros delitos cuja comissão por parte da referida organização se teme, justificando, assim, uma intervenção punitiva no estágio prévio à efetiva lesão dos bens jurídicos – ou seja, em estado de preparação –, não se justifica, pois não há como explicar uma incriminação específica da organização criminosa desligada da comissão ulterior de lesões concretas. Para o autor, bastaria, para tanto, recorrer a uma circunstância de agravamento da pena para a comissão em grupo das diversas infrações concretamente lesivas de bens jurídicos individuais. Com efeito, "la lógica de la prevención fáctica es la de la policía, no la del Derecho penal, y no conoce limites internos ante la consecución del objetivo del combate eficiente contra las fuentes de peligro." (Meliá, 2008, p. 43).

Ainda que tivéssemos uma legislação já direcionada para repressão de delitos praticados por organizações criminosas, somente na década de noventa é que os processos criminais e novas normas penais orientadas a repressão deste tipo de delito começam a aparecer. A própria Justiça Federal, por força constitucional competente para o processo e julgamento da maioria dos delitos que envolvem este tipo de criminalidade, tem um papel importante na sua reestruturação e organização para julgar estes delitos, fenômeno que se verifica também na década de noventa com a criação de varas especializadas e uma nova estrutura na esfera federal.

Porém, ainda que se tenha uma organização da esfera de combate e prevenção ao crime organizado, atualmente um dos principais focos de insegurança na sociedade tem origem neste tipo de criminalidade. Ao analisar-se a evolução das leis e as tendências político-criminais neste campo, custa discernir se estas respondem às novas necessidades objetivas de proteção ou se são fruto de uma demanda social desmesurada e irracional de punição, gerada por um poder político que se vê pressionado para gerir empiricamente o desafio de novas formas de criminalidade. Nesse sentido ressalta Meliá (2008, p. 37-39) a doutrina que defende o injusto do delito de organização criminosa a partir da compreensão de que o mesmo seria um ataque direto contra um bem jurídico autônomo, qual seja, a segurança pública e a ordem estatal, criticando referida posição justamente pelo fato de que as descrições utilizadas (paz pública, ordem social, etc.) são muito indeterminadas, podendo, destarte, abrir as cancelas para a implementação de uma criminalização ilimitada. Para o autor (2008, p. 45),

> (...) las normas jurídicas – y su concreta reconstrucción jurídico-dogmática – no reaccionan frente a los humores del público; la norma jurídico-penal no depende,

como es evidente, del "ambiente" social en un determinado momento. Si se recurre a la sensación social de inseguridad para definir la paz, el orden o la seguridad públicos, el problema de la determinación conceptual del objeto de protección tan solo queda desplazado hacia lo empírico, y, con ello, en este caso, librado a la arbitrariedad.

Assim, ante a criminalidade organizada, atualmente em franco desenvolvimento devido à globalização e aos avanços tecnológicos, depara-se com a necessidade de definir esse tipo de organização criminal para saber-se como enfrentá-la, mas sem descuidar das garantias penais e processuais penais até então conquistadas.

6.2.2. Dificuldades de conceituação do crime organizado e a violação aos princípios da culpabilidade e da proporcionalidade

Diante da realidade acima esboçada, a resposta dos legisladores à insegurança gerada pelas organizações criminais não se limitou ao tradicional incremento de penas, mas está supondo uma importante transformação no Direito Penal, na linha de consolidar o estabelecimento de um "Direito Penal do inimigo".

Assim, no Direito Penal substantivo, uma das manifestações mais características deste combate é a tipificação das condutas de "pertencer ou colaborar com uma organização delitiva" como delito independente dos fatos puníveis que tenha como finalidade a organização.[50] Nesse sentido, basta confrontar as principais iniciativas internacionais nesta matéria para detectar também que o fato básico na luta contra a criminalidade organizada (incluída a cooperação judicial e policial) é a harmonização das distintas legislações a partir da tipificação autônoma da associação criminal.

Os problemas desta tendência da nova política criminal recaem em dois aspectos na hora de configuração dos tipos penais. Em primeiro lugar, em face das dificuldades para tornar concreto legislativamente o conceito de "organização criminosa",[51] opta-se por

---

[50] No Código Penal brasileiro há a tipificação independente do delito de formação de quadrilha ou bando, previsto no art. 288 do CP.

[51] No Brasil, não há previsão legal do que seja uma organização criminosa, ou seja, embora exista o *nomem juris* da figura típica não existe a definição da conduta incriminada, portanto, incabível sua aplicação. O Conselho Nacional de Justiça, através da Recomendação nº 3, de 30 de maio de 2006, recomendou a adoção do conceito de crime organizado estabelecido na Convenção de Palermo. Sobre crime organizado, CALLEGARI, André Luís. *Direito Penal Econômico e Lavagem de Dinheiro*. Porto Alegre: Livraria do Advogado Editora, 2003, p. 161.

definições abertas, com traços próximos ao do crime habitual ou da formação de quadrilha. Em segundo lugar, mediante estas figuras delitivas, está se impondo na doutrina e na legislação um modelo de transferência da responsabilidade de um coletivo a cada um dos membros da organização, que se afasta dos critérios dogmáticos de imputação individual de responsabilidade que vigem normalmente para o Direto Penal.

O primeiro problema assinalado consiste no fato de que em face das dificuldades para caracterizar, ainda que criminologicamente, um fenômeno tão complexo nas propostas de incriminação autônoma das organizações delitivas se optou por uma definição típica paupérrima das mesmas.[52] Assim, via de regra, para a existência de uma organização criminosa bastaria o acordo estável de uns poucos indivíduos (duas ou três pessoas) para cometer delitos graves, de maneira que a tênue divisória entre a criminalidade organizada e a criminalidade em grupo ou a profissional fica praticamente eliminada. Com efeito, a partir de tais formulações o arquétipo de organização se aproxima das manifestações associativas da pequena delinquência habitual ou profissional, quando o modelo que legitimaria uma intervenção deste calibre é o das grandes organizações criminais, de grande complexidade tanto por sua estrutura como pelo número e a substituição de seus integrantes.

Nas propostas legislativas atuais, inclusive abarcadas por alguns setores da doutrina e da jurisprudência, os meros indícios de uma organização criminal[53] (e não seus traços essenciais), foram elevados a uma categoria de elementos definidores da figura delitiva, de maneira que esta se assemelha perigosamente aos "delitos de suspeita".[54] De acordo com isso, não só se tenta deixar de lado problemas probatórios, mas também se produz uma modificação básica na função do tipo delitivo. Esta já não consistiria na delimi-

---

[52] Nesse sentido ver a Lei nº 9.613/98, que trata dos delitos de lavagem de dinheiro e, dentre um dos crimes antecedentes ao de lavagem, traz o de organização criminosa, sem, entretanto, mencionar o que seja dita organização.

[53] Giacomolli (2006, p. 92-93) assinala que é reprovável a concepção de ocultar-se, sob o manto da repressão dos delitos de maior gravidade, como o terrorismo, o narcotráfico, os praticados por organizações criminosas, uma normatividade geral de limitação indiscriminada dos direitos fundamentais. Com a escusa de dar segurança jurídica, atenta-se contra a liberdade.

[54] Essa tendência é comum nos delitos econômicos ou nos de lavagem de dinheiro, onde cada vez mais se utilizam fatores indiciários para incriminar os sujeitos, principalmente para a decretação de medidas cautelares em busca da prova.

tação da conduta proibida (em atenção à sua lesividade ou periculosidade) com o objetivo de impor uma pena, mas passaria a ser principalmente a base para a adoção de medidas de investigação, cautelares, penitenciárias, etc.

Este problema pode ser observado particularmente nas iniciativas internacionais que respondem à necessidade (real) de harmonizar legislações com o fim de melhorar a cooperação frente às manifestações transnacionais do problema. Se geralmente nestes processos a tendência é a convergência a legislações mais rigorosas (harmonizar não se compadece com descriminalizar), no caso do crime organizado se corre o risco de que as necessidades de repressão local acabem sendo generalizadas e que o estabelecimento de figuras delitivas disfarçadas para satisfazer as necessidades de cooperação internacional tenham como efeito colateral inevitável uma ampliação de comportamentos puníveis e das penas.[55] De acordo com isso, o que pode ocorrer é que, enquanto se segue sem poder dar uma resposta jurídico-penal eficiente à criminalidade organizada, estenda-se a aplicação destas medidas a pequenas manifestações de delinquência marginal, ou, ainda, amplie-se demasiadamente a utilização deste conceito tão amplo a uma série de delitos em concurso material para aumentar as penas, quando, de fato, não se está diante de uma organização para cometer delitos.

O segundo aspecto digno de ressaltar desde uma perspectiva do Direito Penal material é que mediante os tipos de organização criminal se assentam, no pensamento e na legislação, modelos de atribuição de responsabilidade penal que se afastam do princípio da culpabilidade (em especial a responsabilidade pelo fato próprio) e da proporcionalidade.

Em relação ao primeiro princípio, não se pode olvidar que em respeito às regras constitucionais de um Estado democrático, vige

---

[55] Nesse sentido, ver a Recomendação nº 3, de 30 de maio de 2006, do Conselho Nacional de Justiça, onde consta: 2. Para os fins desta recomendação, sugere-se: a) a adoção do conceito de crime organizado estabelecido na Convenção das Nações Unidas sobre Crime Organizado Transnacional, de 15 de novembro de 2000 (Convenção de Palermo), aprovada pelo Decreto Legislativo nº 231, de 29 de maio de 2003, e promulgada pelo Decreto nº 5.015, de 12 de março de 2004, ou seja, considerando o "grupo criminoso organizado" aquele estruturado, de três ou mais pessoas, existente há algum tempo e atuando concertadamente com o propósito de cometer uma ou mais infrações graves ou enunciadas na Convenção das Nações Unidas sobre o Crime Organizado Transnacional, com a intenção de obter, direta ou indiretamente, um benefício econômico ou outro benefício material.

o princípio da culpabilidade pelo fato, isto é, o fato praticado é que deve ser reprovado e não o autor do fato (direito penal do autor).

No Brasil, o exemplo legislativo mais recente de violação ao princípio da culpabilidade pelo fato é a criação do regime disciplinar diferenciado, onde o legislador não se preocupou em relação ao fato praticado, mas a tendência de vida do autor, porque, qualquer pessoa que se inclua nos delitos previstos de organização criminosa já estaria incluída no regime de exclusão. Além disso, a lei somente faz referência à suspeita de pertencer a uma organização, isto é, não se faz necessário qualquer prova nesse sentido. Ou seja, verifica-se claramente, nesse exemplo, a implementação de um modelo de Direito Penal do autor.

Essa característica da lei que regula o regime disciplinar diferenciado de incriminar o sujeito pela tendência de vida, portanto, contraria o princípio da responsabilidade pelo fato praticado, critério esse que norteia o Direito Penal da culpabilidade no Estado Democrático de Direito. Nesse sentido, um dos subprincípios decorrentes do princípio da responsabilidade pelo fato praticado é o da impunidade pelo plano de vida. Portanto, somente se pode cobrar dos sujeitos os comportamentos concretos, delimitados espacial e temporalmente, e não por haver escolhido um determinado plano de vida ou modo de existência.[56]

Por outro lado, também não se deve olvidar que o princípio da proporcionalidade deve limitar a sanção aplicada ao fato cometido,[57] isto é, a pena deve guardar proporcionalidade em relação à conduta delitiva e o risco que se corre ao inserirmos uma série

---

[56] Díez Ripollés (2003) afirma que a fundamentação ética deste subprincípio é a proteção diante de comportamentos que afetam a convivência social externa e está fundado no objetivo de garantir interações sociais que possibilitem na maior medida possível o livre desenvolvimento da autorrealização pessoal de acordo com as opções que cada cidadão estime conveniente. Não resulta consequente com isso pedir satisfação pela eleição de certos planos vitais, por mais que possam estimar-se na prática incompatível com a manutenção dessa convivência externa, enquanto tal incompatibilidade não se concretize na efetiva realização de condutas contrárias àquela. De outro lado, a pretensão de que os cidadãos renunciem desde o princípio a adotar determinados planos de vida, devendo responder penalmente em caso contrário, caracteriza uma sociedade totalitária, que pretende garantir a ordem social básica mediante a privação aos cidadãos daquelas possibilidades existenciais que justificam precisamente a manutenção dessa ordem social.

[57] Ver, nesse sentido, CARBONELL MATEU, Juan Carlos. *Derecho penal: concepto y principios fundamentales*. 3ª. ed. Valencia: Tirant lo blanch, 1999, p. 210; CALLEGARI, André Luís. A concretização dos direitos constitucionais: uma leitura dos princípios da ofensividade e da

de condutas como sendo de organização criminosa é o de não só aumentar a pena em relação ao fato, mas, aumentá-la ainda mais quando se estabelece o concurso de crimes. Neste caso específico não se estaria guardando qualquer proporcionalidade com o fato praticado e a utilização seria mais de reforço ou política judicial do que qualquer outra coisa.[58]

Por todas essas questões, conclui-se ser complexa a definição de crime organizado, porém, de acordo com tudo o que foi referido, pode-se afirmar, de forma simplória, que uma organização criminosa constitui uma estrutura criminógena que favorece a comissão reiterada de delitos (facilitando sua execução, potencializando seus efeitos e impedindo sua persecução) de maneira permanente (já que a fungibilidade de seus membros permite substituir os seus integrantes). Em consequência, é possível que sua mera existência suponha um perigo para os bens jurídicos protegidos pelas figuras delitivas que serão praticadas pelo grupo e, portanto, constitui um injusto autônomo, um "estado de coisas" antijurídico que ameaça a paz pública.

6.2.3. Aproximações internacionais ao conceito de crime organizado

6.2.3.1. Convenção das Nações Unidas

O conceito estipulado pela Convenção é no sentido de que se configura uma organização criminosa quando há um grupo de três ou mais pessoas, que existe há certo tempo, e que atue de forma consertada, com o propósito de cometer um ou mais delitos graves ou delitos tipificados de acordo com a Convenção, com a intenção de obter, direta ou indiretamente, um benefício econômico ou de ordem material.

A Convenção estabelece que o delito grave é aquele comportamento punível com uma pena privativa de liberdade de máxima de no mínimo 4 anos ou com uma pena mais grave (art. 2.b).

Esta definição das Nações Unidas do grupo criminal organizado destaca-se pelos seguintes elementos: a comissão de delitos de

---

proporcionalidade nos delitos sexuais. *Direito Penal em Tempos de Crise*. Porto Alegre: Livraria do Advogado Editora, 2007, p138 e ss.

[58] Veja-se, por exemplo, o aumento de pena previsto na Lei nº 9.613/98, que determina o aumento de pena quando o autor pertencer a uma organização criminosa.

particular gravidade, o caráter estruturado do grupo, a permanência de suas atividades e a persecução de fins econômicos.

Desse modo, verifica-se que o conceito da Convenção é um conceito que se utiliza de um número mínimo de pessoas com estabilidade para a comissão de delitos com certa gravidade, porém, mantém um número que não nos parece possível que se estruture uma organização, ao menos no sentido que se quer emprestar ao termo. É que três pessoas reunidas estão mais próximas a uma micro-empresa do que uma organização criminal. Além disso, o paradoxo que se estabelece em relação à formação de quadrilha previsto no Código Penal brasileiro é que este delito pressupõe no mínimo quatro pessoas enquanto a organização pode estar formada por somente três.

6.2.3.2. União Europeia

O Conselho de Justiça e Assuntos do interior da Comissão Europeia adotou o seguinte conceito de organização delitiva: "uma associação estruturada de duas ou mais pessoas, estabelecida durante certo período de tempo, e que atua de maneira concertada com o fim de cometer delitos sancionados com uma pena privativa de liberdade ou de uma medida de segurança privativa de liberdade de quatro anos como mínimo ou com uma pena mais severa, com independência de que esses delitos constituam um fim em si mesmo ou um meio para obter benefícios patrimoniais e, em todo caso, de influir de maneira indevida no funcionamento da autoridade pública".

O art. 2º insta aos Estados a tipificar como delito uma ou ambas das condutas seguintes de participação na organização delitiva: A) A conduta de toda pessoa que, com o conhecimento da finalidade e atividade da organização delitiva, participa ativamente em atividade ilícitas da organização, com a facilitação de informação ou meios materiais, assim como toda a forma de financiamento que contribuirá com a atividade delitiva. Esta tipificação abrange todas as formas de colaboração com a organização criminosa; B) A conduta de toda a pessoa que consista num acordo com uma ou mais pessoas para proceder a uma atividade considerada no art. 1º (que tipifica a organização criminosa). Esta hipótese se afasta mais do núcleo da organização delitiva, já que se trataria de um mero acordo para uma futura colaboração (similar a *conspiracy* anglo-saxônica) que em nossa tradição cultural, dificilmente aceitável.

A proposta do Projeto Comum Europeu para o crime organizado chegou ao seguinte acordo:

a) A participação numa organização criminosa é punível nos sistemas penais dos Estados membros da UE;

b) Participa numa organização criminosa quem realiza uma contribuição não ocasional à realização dos delitos objetos da atividade da organização ou a manutenção de sua estrutura operativa, quando é consciente que isto reforça a capacidade de delinquir da organização, no sentido de fazer mais provável ou mais rápida a segurança do programa criminal ou de incrementar o grau de realização;

c) Por organização criminosa se entende um conjunto de pessoas que apresenta um núcleo mínimo de três pessoas, que se articulem sob um esquema de divisão de funções e que atue dentro de um ou mais Estados membros mediante a comissão de delitos qualificados como graves. Cada ordenamento dos Estados membros determinara a gravidade dos delitos que, por níveis de sanção, frequência de sua comissão ou magnitude de seus efeitos danosos ou perigosos, seja relevante aos efeitos da norma mínima comum. Os delitos de sequestro, tráfico de estupefacientes, lavagem de dinheiro e tráfico de seres humanos serão considerados como tais. Quando as atividades de caráter delitivo da organização se estendam a vários Estados membros, será competente o ordenamento penal em que a organização começou a atuar. Nos casos em que isso não for possível comprovar, será competente o ordenamento penal em que se iniciou primeiro a ação penal;

d) As penas para o delito de participação na organização criminal não poderão superar a metade da pena prevista pelo delito mais grave dos que formem parte do programa delitivo da organização. As penas serão aumentadas da metade para aquele que pertence a uma organização delitiva que desenvolve a sua atividade em vários Estados membros ou que adote a intimidação difusa como método sistemático;

e) Para aqueles que fundem a organização ou dirijam suas atividades de caráter delitivo, a pena não poderá ser inferior ao triplo da pena prevista para a participação simples. Nas organizações altamente estruturadas e hierarquizadas, os dirigentes responderão pelos delitos cometidos pelos membros da organização, salvo que o delito cometido seja uma consequência imprevisível da atividade de caráter delitivo que constitui o objeto da organização;

f) Quando se trate de pessoas jurídicas, a responsabilidade pelo delito de participação numa organização criminal se fundamentará na transformação de sua atividade institucional numa estrutura de cobertura para realizar o programa criminal da organização criminosa, conforme a alínea "c". Neste caso, as sanções correspondentes de tipo pecuniário, interdição ou extinção, poderá ser também aplicada às pessoas jurídicas segundo os ordenamentos do Estado membro em questão;

g) Aqueles sujeitos que, participando numa organização criminosa, se esforçarem seriamente para impedir a atividade de caráter delitivo, ou comuniquem as autoridades informação relevante sobre a constituição, existência ou as atividades do grupo criminal, terão direito a uma atenuante especial de pena não inferior à metade da sanção prevista pelo delito de participação na organização criminosa. Ademais, pode-se excluir sua punibilidade quando a colaboração de conhecimentos proporcionada pelo colaborador tenha sido determinante para impedir o prosseguimento das atividades delitivas do grupo ou para desmantelar a organização criminosa.

6.2.4. A convenção de Palermo: uma aproximação ao conceito de crime organizado

Há, na doutrina jurídico-penal brasileira contemporânea, entendimento no sentido de que é possível a incriminação da organização criminosa por meio do conceito oferecido pela Convenção de Palermo, ao menos para os delitos aos quais é aplicável referida convenção (Baltazar Junior, 2006).

Para efeitos da Convenção entende-se como "grupo criminoso organizado" aquele estruturado por três ou mais pessoas, existente há algum tempo e atuando concertadamente com o propósito de cometer uma ou mais infrações graves ou enunciadas pela Convenção, com a intenção de obter, direta ou indiretamente, um benefício econômico ou outro benefício material.

Ainda que o Brasil tenha aprovado a Convenção de Palermo e assim ela tenha ingressado em nosso ordenamento jurídico, não se pode olvidar que a incriminação continua vaga e imprecisa, sem estabelecer os contornos necessários para que se possa elucidar o que seria a dita "organização criminosa". Além disso, mesmo que tenha ingressado em nosso ordenamento jurídico, nunca é demais recordar que as normas devem ser interpretadas a partir da Constituição Federal e ali se encontra inserto o princípio da legalidade que traz, como corolário lógico o princípio da taxatividade. Isso significa que a própria Constituição Federal não admite preceitos incriminadores vagos e imprecisos, que não descrevam adequadamente a conduta incriminadora, porque em um Estado de Direito deve-se preservar as garantias do cidadão, dentre as quais se encontra a de saber, com clareza, qual a conduta incriminada pela norma penal.

Portanto, o conceito trazido pela Convenção de Palermo não se diferencia de outras aproximações similares que pecam pelo mesmo defeito, isto é, a imprecisão na definição do tipo. Como o conceito é vago, verifica-se que a própria Convenção estabelece a definição dos elementos normativos do tipo que o integram ("infração grave", "grupo estruturado", "bens", "produto do crime", etc.), porém, não se pode dizer que isto represente a melhor técnica legislativa em termos de garantias ao cidadão.

6.2.5. Crime organizado e concurso de pessoas

Um dos problemas na caracterização do crime organizado é a delimitação ou o alcance da figura típica, pois ainda que mereça uma penalização mais grave, deve-se ter cautela para não se incorrer no erro de esta figura abarcar toda e qualquer colaboração de pessoas para o cometimento de delitos, fato este que já se encontra regulado no concurso de agentes. Ademais, existem normas específicas para o aumento de pena para o organizador ou para aquele que comanda a atividade criminosa dos demais (art. 62, CP). Portanto, desnecessário, na maioria das vezes, uma figura autônoma e de duvidosa validade para incriminação de atividades cometidas por um grupo de pessoas.

A configuração de uma suposta organização criminal muitas vezes recai no tradicional concurso de pessoas, onde existe uma imaginada organização para comissão de delitos, porém, ausente os elementos configuradores de uma verdadeira organização.

Neste marco, parece que houve uma mescla de conceitos para que se alcançasse, em algumas hipóteses, a configuração de uma organização criminal. Equivocadamente utiliza-se a reunião esporádica de pessoas para o cometimento do delito. Noutros casos, ainda que dita reunião seja habitual, faltam os outros pressupostos configuradores da organização criminosa.

Além disso, diante de uma interpretação elástica da teoria do domínio do fato, transforma-se o organizador de um grupo em "chefe" de uma "organização criminal". Os dois conceitos se mostram equivocados. A simples distribuição de papéis ou determinação de tarefas, por si só, não pode implicar em coautoria (chefia) do grupo ou da organização. E os que recebem ditas tarefas tampouco estão submetidos, na maioria das vezes, às regras de hierarquia e subordinação atinentes a uma estrutura organizada.

A regra do concurso de pessoas está pensada para a reunião eventual de agentes que buscam a realização da mesma infração penal, isto é, unem esforços entre si, com o mesmo objetivo típico. Não há, em princípio, qualquer regra de estruturação hierárquica ou organização entre os membros, embora ela possa aparecer em vários casos através de um membro que se destaca por sua liderança, fato este já previsto no art. 62 do Código Penal. Mesmo que ocorra o cometimento reiterado de infrações penais pelo grupo, não se pode transformá-lo em organização criminosa.

Também se deve recordar que a norma de extensão possibilita trazer para esfera de punibilidade as colaborações que inicialmente não se traduzem em atividade típica, possibilitando, assim, a incriminação do auxílio material ou psicológico para o cometimento do crime. Mas este auxílio não é fundamental para o êxito da empreitada criminosa, pois se tratam de contribuições acessórias, isto é, não sustentam o fato como um todo (caso contrário estaríamos diante da coautoria, isto é divisão funcional de tarefas). Portanto, o concurso de pessoas representa um *minus* em relação à organização criminosa, pois nesta haverá uma valoração maior das tarefas e da estrutura organizacional, enquanto naquele os papéis podem representar uma colaboração que nem será utilizada (participação).

Dito de outro modo, as intervenções no concurso são distintas em relação às de uma organização. Enquanto no concurso a divisão de tarefas entre as pessoas não importa necessariamente uma colaboração fundamental para o êxito final do delito, pois nem sempre as colaborações são imprescindíveis para que isto ocorra, na organização criminal os papéis desempenhados são mais fortes e necessários para que o fato criminoso possa ser praticado. Funciona como uma engrenagem, isto é, uma verdadeira estrutura de peças, onde, a falha de uma pode implicar na falha total.

6.2.6. Crime organizado e formação de quadrilha

O que foi dito no tópico precedente também se aplica ao crime de formação de quadrilha ou bando, isto é, não se pode confundir uma reunião estável para o cometimento de crimes com uma organização criminosa. Inicialmente cabe referir que, substancialmente, o que diferencia o crime de quadrilha ou bando do concurso de pessoas é que naquele há um caráter duradouro da associação, enquanto neste a reunião dos integrantes é eventual.

Mesmo com um *plus* em relação ao concurso de pessoas no sentido de exigir um número determinado e a estabilidade associativa, não se pode confundir tal delito com uma organização criminosa. Como já referido, a organização possui um caráter empresarial, de organização e hierarquia similar à de uma empresa legalmente constituída, onde cada membro tem suas funções determinadas e deve ser relevante para a configuração dos planos elaborados. A formação de quadrilha não guarda toda esta expectativa organizacional e normalmente está destinada à prática de delitos comuns.

Deve-se ainda acrescentar que a organização criminosa está pensada, em matéria de tipicidade, para delitos que requerem uma estrutura sofisticada de atuação, embora não seja a regra, é o que se verifica na maioria dos casos em que a organização pratica determinados delitos que, para sua comissão, necessariamente requerem a intervenção de pessoas especializadas em várias áreas.

Salienta-se que se pode ter uma organização criminosa praticando crimes tradicionais, já foi dito que tal fato não é impossível. Porém, as estruturas que se apresentam em determinados crimes indicam uma especialização cada vez maior dos seus integrantes de uma organização criminosa, o que não ocorrerá na maioria das vezes quando se tratar da tipificação da formação de quadrilha.

Assim, embora tanto a formação de quadrilha quanto o crime organizado exijam, para a sua configuração, a participação de certo número de pessoas e a estabilidade da associação, jamais devem ser confundidos. Enquanto um exige toda uma estrutura organizada, hierarquizada, com uma divisão de tarefas, como se fosse uma empresa, e se destina, principalmente, à prática de delitos complexos que necessitam dessa estrutura, o outro não guarda essa edificação organizacional e é destinado, normalmente, ao cometimento de crimes comuns.

6.2.7. Considerações sobre o Projeto de Lei nº 150/06

O Projeto de Lei nº 150/06 procura resolver o problema da legislação penal brasileira em relação à mescla de conceitos e interpretações que cotidianamente se faz no que diz respeito às organizações criminosas. Por se tratar apenas de um projeto de lei, somente alguns pontos principais serão abordados:

6.2.7.1. Do nome da figura típica

Uma primeira indagação a ser feita é sobre o *nomem iuris* da figura típica utilizado pelo projeto de lei ("crime organizado"), pois parece estranho que alguém possa praticar um crime através ou por meio do *crime organizado*. Redação mais apropriada seria a utilização do nome *organização criminosa*.

6.2.7.2. Da tipicidade do artigo 2º

Dispõe o artigo 2º do projeto de lei:

Art. 2º. Promover, constituir, financiar, cooperar ou integrar, pessoalmente ou por interposta pessoa, associação, sob forma lícita ou não, de cinco ou mais pessoas, com estabilidade, estrutura organizacional hierárquica e divisão de tarefas para obter, direta ou indiretamente, com o emprego de violência, ameaça, fraude, tráfico de influência ou atos de corrupção, vantagem de qualquer natureza, praticando um ou mais dos seguintes crimes: [...].

Objeta-se, diante de tal tipificação: o crime só se perfaz se houver o emprego de violência? Ou de fraude? E se não houver nenhuma destas modalidades não há organização criminosa?

Diante de tais dúvidas que a redação do dispositivo enseja, entende-se que se houvesse a supressão das expressões "emprego da violência, ameaça, fraude, tráfico de influência ou atos de corrupção" se atingiria maior clareza na tipificação do delito, evitando, assim, futuros problemas como o *bis in idem* de figuras que autonomamente já configuram crime: a violência (lesões, homicídio, roubo, etc.), ameaça (delito de ameaça, roubo, etc.), a corrupção (ativa e passiva). Ou seja, é supérfluo descrever condutas que já estão em outros tipos penais e que, além disso, podem esvaziar o tipo no momento do juízo de adequação da conduta realizada.

Por fim, seria necessário provar que houve o emprego de violência, da ameaça, da fraude, do tráfico de influência ou dos atos de corrupção para que se configure o tipo. Ocorre, por exemplo, que a corrupção se consuma com a simples solicitação, sendo o recebimento mero exaurimento, porém, a prova da mera solicitação é extremamente difícil de ser feita. E isso pode ocorrer em outros delitos que não sejam materiais, isto é, que não seja necessário a produção de um resultado naturalístico.

Outro questionamento que se deve fazer é se basta a comissão de um só dos crimes enumerados, isto é, preenchidos os outros elementos do tipo, basta a comissão de uma só conduta inserta nos incisos I a XVI, ou, é necessário dentro da estabilidade prevista no tipo a prática de crimes, no sentido de que a organização não pode ficar restrita a uma só prática delitiva.

A reunião eventual de um grupo de pessoas pode estar direcionada a prática de um único delito e não configurar o crime organizado. Neste caso estaríamos diante do concurso de pessoas. Portanto, necessário que se estabeleça se basta a realização de um só crime, agregando-se as outras características ou se é necessário a realização de mais de uma prática delitiva.

Tais observações são feitas porque quanto mais elementos normativos estiverem insertos no tipo, maior a dificuldade para adequação da conduta. Assim, uma redação apropriada para o dispositivo em tela seria:

> Art. 2º Promover, constituir, financiar, cooperar ou integrar, pessoalmente ou por interposta pessoa, associação, sob forma lícita ou não, de cinco ou mais pessoas, com estabilidade, estrutura organizacional hierárquica e divisão de tarefas para obter, direta ou indiretamente, vantagem de qualquer natureza, praticando reiteradamente (ou mais de duas vezes ou de três) um ou mais dos seguintes crimes: [...].

6.2.7.3. Do estabelecimento de um rol taxativo dos crimes que podem ser praticados por organização criminosa

Como já ocorre com a Lei nº 9.613/98, há dúvidas se o rol taxativo dos crimes antecedentes é a melhor técnica legislativa. Este é o problema enfrentado quando as reformas são pontuais no Código

Penal ou na legislação penal, porque não há uma sistematização ou critérios para, por exemplo, estabelecer a proporcionalidade das penas.

Deve-se destacar que o terrorismo segue sem a devida descrição da conduta incriminada, havendo apenas o *nomen iuris* da figura típica. Como enquadrar como crime praticado por organização criminosa?

Superados estes problemas, há um mais grave em relação à proporcionalidade das penas impostas e dos delitos que podem configurar a organização criminosa.

O delito previsto no art. 2º da Lei nº 8.137/90 prevê pena de 6 meses a 2 anos, ou seja, permite a transação no Juizado Especial Criminal, porém, praticado por organização criminosa a pena começaria em 5 anos de reclusão. Pode que a lesividade ou ofensividade ao bem jurídico seja de tal magnitude que a sanção seja justa, porém, nem sempre isto ocorrerá. Assim, cairia por terra a proporcionalidade da sanção em relação à conduta do agente.

Também não há sentido em incluir no projeto como crimes praticados por organização criminosa os delitos previstos nos artigos 227 a 231 do Código Penal, salvo o do art. 231, do CP, que tipifica o tráfico de mulheres. Porém, a incriminação dos outros delitos parece ser expressão meramente de Direito Penal simbólico ou até mesmo publicitário. Se tal incriminação prosperar, a primeira medida é incriminar todos os proprietários (sócios, contadores, gerentes, etc.) de casas de espetáculo que atuam com este nome como fachada, porém, de fato, exploram a prostituição.

O critério da proporcionalidade também não será observado nos crimes praticados contra o meio ambiente. A maioria destes delitos possibilita a transação penal ou a suspensão condicional do processo e, às vezes, em um único ato, a "organização" pode causar um grande prejuízo. Porém, o ato é único, mas, verificam-se todos os outros elementos do tipo. Estaríamos diante do crime organizado?

As considerações apresentadas de forma sucinta demonstram que alguns delitos não podem compor o rol taxativo dos que integram a possibilidade de perfazer uma organização criminosa. O melhor seria retirar alguns delitos ou, estabelecer que os crimes que podem integrar este rol deveriam ter a pena mínima superior a 2 ou 3 anos.

6.2.7.4. Da colaboração premiada

O art. 4º do projeto de lei sob análise prevê a possibilidade do perdão judicial e da extinção da punibilidade nas hipóteses dos incisos I a V.

O projeto não prevê em que momento esta delação ocorrerá, pois se estamos falando nas medidas que o juiz poderá adotar, estas parecem que se operarão no momento da sentença. O que sempre preocupa é como a colaboração pode ser materializada, isto é, se for na fase inquisitorial, haverá a presença do juiz ou de autos apartados que no futuro assegurem o previsto em lei?

O parágrafo único (art. 4º) estabelece que a concessão do perdão levará em conta a personalidade do colaborador e a natureza, circunstâncias, gravidade e repercussão social do fato criminoso. Ora, nos termos do que ocorre no art. 59 do CP (circunstâncias judiciais), a personalidade não pode servir de critério para referida concessão (perdão judicial). Caso se utilize este critério estaremos diante de um direito penal do autor, isto é, levando-se em conta o modo de vida da pessoa, e não um direito penal do fato. A reprovação que se faz é pelo fato praticado, e não pela personalidade, ao menos se o projeto pretende evoluir e não cair na insensatez do Direito Penal do Inimigo. O juízo de reprovação na culpabilidade é o fato praticado pelo autor e não o autor do delito e sua vida.

Em relação à natureza, circunstância, gravidade e repercussão social do fato criminoso que deverão ser levados em conta, resta a seguinte indagação: Qual o fato criminoso que não tem repercussão social? Isto é inerente ao crime e, por menos que seja lesivo, sempre haverá repercussão.

6.2.7.5. Da ação controlada

Veja-se a redação dos arts. 7º e 8º do Projeto de Lei:

Art. 7º Consiste a ação controlada em retardar a intervenção policial relativa à ação praticada por crime organizado ou a ele vinculado, desde que mantida sob observação e acompanhamento para que a medida legal se concretize no momento mais eficaz à formação de provas e obtenção de informações.

§ 1º O retardamento da intervenção policial será imediatamente comunicado ao juiz que, se for o caso, estabelecerá seus limites, após a manifestação do Ministério Público.

§ 2º A comunicação será sigilosamente distribuída de forma a não conter informações que possam indicar a operação a ser efetuada.

§ 3º O acesso aos autos será reservado ao juiz, ao Ministério Público e à autoridade policial, como forma de garantir o sigilo das investigações.

Art. 8º Se a ação controlada envolver transposição de fronteiras, o retardamento da intervenção policial somente poderá ocorrer quando as autoridades dos países que figurem como provável itinerário do investigado oferecerem garantia contra a sua fuga e o extravio de produtos ou substâncias ilícitas transportadas.

A ação controlada ou através de agente encoberto demonstra um retrocesso no processo penal e um desprezo aos princípios do Estado de Direito pelas questões que se expõe abaixo.

Existe previsão similar no art. 110 do Código de Processo Penal alemão,[59] porém, com discussões na doutrina sobre a efetiva aplicação do preceito citado.

Inicialmente, destaca-se que dito procedimento não refere qual ação deve ser praticada por crime organizado ou a ele vinculado, deixando-se aberta a questão para que a autoridade policial justifique tal medida. Note-se que não se fala em qualquer indício de autoria ou materialidade de crimes antecedentes vinculados à organização ou praticados por ela. O preceito está aberto e o agente encoberto poderá atuar desde que haja uma "ação" do crime organizado, diferentemente do que ocorre no Código de Processo Penal alemão.

Assim, ainda que o preceito previsto no CPP alemão seja de discutível aplicação é de melhor técnica legislativa, pois exige que os investigadores incógnitos só possam atuar se existirem suficientes indícios de que tenha sido cometido um delito de importância relevante. A norma é mais completa do que a prevista no PL 150, pois o projeto brasileiro apenas refere a possibilidade de retardar a atuação policial no caso de ação praticada por crime organizado ou a ele vinculado, sem qualquer menção sobre prática de crimes antecedentes ou indícios de que eles tenham ocorrido.

De outro lado, o princípio da legalidade processual abarca a legitimidade do Ministério Público para impulsionar as causas frente à atividade investigadora policial. Considerado em termos normativos, a consequência deveria ser o controle em todo o momento da

---

[59] O preceito previsto no CPP alemão refere o seguinte: "Pode-se nomear investigadores incógnitos para o esclarecimento de delitos se existem suficientes indícios de que tenha sido cometido um delito de importância relevante".

atividade policial através do Ministério Público. O art. 7º, § 1º, menciona que o Ministério Público se manifestará sobre o retardamento da ação policial e os limites serão estabelecidos pelo juiz. Novamente retorna-se ao processo inquisitório onde o juiz de alguma forma estabelecerá a colheita da prova, o que fere o princípio acusatório.

Acrescente-se a isso o fato de que se está diante da provocação pelo agente infiltrado ou encarregado do retardamento da ação. Ora, as medidas estatais que resultam apropriadas para favorecer a infração da norma pervertem a presunção de inocência. O Estado constrói o próprio fato: determina a suspeita inicial uma vez que faz cair o cidadão em tentação, pondo-se a prova sobre sua conformidade com a norma.

Assim, a situação aparece como uma mistura de prevenção e repressão que conduz à ruína do princípio da legalidade. A provocação do fato constitui um ato de autolegitimação do Estado. Este, ao construir a infração da norma e revelar em seguida essa conduta, procura a prova da necessidade de sua existência onipotente: ainda que o mal seja onipresente, o Estado e seus meios de poder se mostram eficientes para terminar vencendo a batalha contra aquele (Braum, 2000).

Nesse contexto, não importam os meios como se faz dita atuação, o que acaba afetando de maneira especial a segunda possibilidade de obter a informação: o interrogatório. Se o agente infiltrado (ação controlada) está exonerado em face de sua função de informar ao sujeito interrogado e o engano passa a fazer parte desse jogo como condição necessária para seu sucesso e eficácia. Apesar da existência do direito de não fazer prova contra si ou de permanecer em silêncio (CF), o suspeito não o exercerá neste caso. Uma vez que se obrou contra o princípio *nemo tenetur*, porque o agente desconhece que se suspeita dele e que se fala de sua liberdade, ou seja, que ele será acusado com aquela prova colhida sem o conhecimento dele.

A questão suscitada do interrogatório do suspeito pelo agente infiltrado (ação retardada) deságua na prova a ser produzida em juízo, isto é, no processo penal formalizado. Se o direito a não prestar declarações contra si ou permanecer em silêncio se vê iludido e o suspeito acaba se inculpando, surge o problema da proibição de usar esta prova em juízo, diante da afronta a um direito constitucional do acusado que não está obrigado a produzir a prova contra si.

Nesse sentido, Roxin (2004) leciona que as disposições referentes ao agente encoberto e a obtenção de prova por este estão previstas em lei especial e o princípio do *nemo tenetur* tem força constitucional, portanto, aquela lei ordinária que contraria a constituição não poderia ter vigência.

Destaca-se que o art. 7º do PL refere-se à obtenção de provas e o que destacamos é que prova não pode se constituir de declarações prestadas aos agentes que controlam a ação (agente encoberto), porque se estaria violando princípios constitucionais através de um método em que o agente se incrimina sem saber que o seu procedimento o leva a isso.

Por fim, cabe destacar as lições de Hassemer (2009) quando menciona que não existe nenhum tipo de "igualdade de armas" entre a criminalidade e o Estado que a combate no sentido de uma permissão aos órgãos estatais para utilizar todos os meios que se encontram ao alcance dos criminosos. O Estado necessita, também frente à população, uma prevalência moral sobre o delito, que não só seja fundamentada normativamente, mas que também atue de maneira prático-simbólica. O Estado não deve utilizar métodos criminais já que perderia esta prevalência e com isso, em longo prazo, colocaria em perigo a credibilidade e a confiança da população no ordenamento jurídico estatal.

A presunção de inocência é um dos pilares do Direito Penal europeu referido ao Estado de Direito (Art. 6º da Convenção de Direitos Humanos). Com este princípio resultariam incompatíveis as afirmações de uma difundida retórica que preconiza que os métodos de investigação que foram introduzidos recentemente, e os que ainda estão sendo promovidos e desejados, estariam dirigidos a mafiosos, gângsters e delinquentes perigosos, e que os cidadãos não teriam nada que temer. Isto é falso. Estes questionáveis métodos de investigação são utilizados no processo de instrução, é dizer, num estágio em que a presunção de inocência impera sem restrições (ademais estes métodos se dirigem não só contra os suspeitos, mas também contra pessoas não diretamente envolvidas nas investigações).

6.2.7.6. Do procedimento criminal (art. 24)

Art. 24. O Juiz, de ofício, a requerimento do Ministério Público ou mediante representação da autoridade policial, ouvido o Ministério Público em vinte e quatro horas, havendo indícios suficientes, poderá decretar, no curso do inquérito ou da ação penal, a apreensão ou o sequestro de bens, direitos ou valores do acusado, ou existentes em seu nome, objeto dos crimes previstos nesta Lei, procedendo-se na forma dos arts. 125 a 144 do Decreto-Lei 3.689, de 3 de outubro de 1941 – Código de Processo Penal.

O artigo em comento trata de medida assecuratória, porém, deixa em aberto quais os indícios que são necessários para sua decretação. São indícios da autoria do delito ou da materialidade? Ou, qualquer indício serve? Para o oferecimento da denúncia são necessários os indícios da autoria e prova da materialidade do delito. Na medida cautelar não.

Nesse sentido, melhor seria o legislador mencionar que a medida assecuratória poderá ser decretada quando houver indícios suficientes da autoria e do crime antecedente, preservando-se, assim, os critérios norteadores da nossa Constituição Federal.

6.2. Outras manifestações

Além dos diplomas legais acima analisados, a contaminação do Direito Penal infraconstitucional brasileiro por elementos extraídos do Direito Penal do Inimigo e do paradigma da segurança cidadã também se manifesta no Estatuto do Desarmamento (Lei nº 10.826/2003), que ampliou as figuras típicas e passou a penalizar mais severamente as condutas de perigo referentes à posse e ao porte ilegal de armas, declarando-os como inafiançáveis e prevendo penas que, às vezes, ultrapassam as cominadas para crimes como lesões e até mesmo o homicídio.

A Lei nº 10.792/2003, que alterou a Lei de Execução Penal (Lei nº 7.210/1984) instituindo o Regime Disciplinar Diferenciado na execução da pena de prisão, também pode ser vista, como já salientado no tópico precedente, uma manifestação do Direito Penal do Inimigo, uma vez que permite o isolamento do preso provisório ou do condenado por até um ano, buscando, assim, atingir os integrantes de organizações criminosas e prevendo, na prática, uma modalidade de pena cruel com fins notadamente inocuizadores.

No mesmo sentido, tem-se a Lei nº 9.034/1995, que, ao dispor sobre a utilização de meios operacionais para a prevenção e repressão de ações praticadas por organizações criminosas, criou, em seu art. 2º, a figura do "juiz investigador", permitindo a introdução de técnicas de escuta e de investigação altamente lesivas às liberdades individuais, bem como a figura do "flagrante retardado", cuja inspiração parece ter sido hollywoodiana, visto que de difícil aplicação.

Por fim, destaca-se a Lei nº 9.613/1998, que, como já referido *supra*, ao dispor sobre os crimes de "lavagem" ou ocultação de bens, direitos e valores, tipifica condutas relacionadas ao terrorismo e ao crime organizado sem que tais condutas sejam descritas, em flagrante violação ao princípio da taxatividade.

6.3. Afrontas constitucionais

Os diplomas legais acima analisados, em que pese integrarem o ordenamento jurídico-penal brasileiro, vão frontalmente de encontro ao modelo de intervenção penal preconizado pela Constituição Federal, o qual se expressa por meio de um Direito Penal mínimo, "ou seja, através do espaço residual que se reserva para a intervenção punitiva dentro dos limites impostos pelos dispositivos constitucionais nos marcos de uma política integral de proteção dos direitos humanos." (Dornelles, 2008, p. 52).

Em que pese isso, tais leis são recepcionadas pela maioria da população e da comunidade jurídica nacional como "avanços legislativos", uma vez que respaldadas por discursos político-midiáticos falaciosos que criam imagens distorcidas da realidade, propondo como estratégia primeira de segurança pública o endurecimento das penas aliado à supressão de garantias e à busca pela superação da impunidade, olvidando-se de que o aumento do número de condutas definidas como criminosas, assim como o maior rigor na aplicação da pena, significam tão somente mais pessoas encarceradas e não necessariamente menos conflitos sociais em um país profundamente marcado pela desigualdade social desde os primórdios de sua história.

Como salienta Díez Ripollés (2007, p. 101), no processo expansivo do Direito Penal, "el énfasis [...] se coloca en los síntomas y no em las causas de la criminalidad, y el control penal adquiere primacía sobre cualquier otro tipo de política social o jurídica." Esquece-se, assim, segundo Prittwitz (2004), seja pela importação de ideologias penais, seja pela influência dos meios de comunicação de massa na formação de opinião, que não se pode, por meio do Direito Penal, resolver todos os problemas sociais, mas, algumas vezes, até mesmo piorá-los, quando este Direito é aplicado de maneira muito frequente, rígida ou incorreta.

Pelo contrário, a expansão do Direito Penal redunda na redução da capacidade do sistema punitivo de efetivamente perseguir e punir todos os delitos conforme o preconizado pelo legislador, de forma que a impunidade e a seletividade tornam-se as principais regras da sua atuação, deslegitimando-o. Neste sentido, deve-se frisar que a função de prevenção geral, ou seja, de intimidação à prática de novos delitos, somente funciona caso o sistema penal alcance a maioria dos crimes, o que, na atualidade, em face das inúmeras possibilidades de intervenção punitiva previstas, é impossível, até por questões de insuficiência de recursos operacionais (quadro deficitário de pessoal na polícia e no Judiciário, falta de espaço nas prisões, etc.), o que resulta em um processo de banalização da resposta punitiva que muito pouco contribui para a resolução dos conflitos sociais por meio da intervenção penal.

Paralelamente a isso, há o perigo representando pela flexibilização/supressão das garantias penais estabelecidas pela Constituição Federal que se tem verificado na legislação penal brasileira, instituídas sob o argumento de que é conveniente flexibilizar/suprimir tais garantias a fim de que o sistema punitivo possa desempenhar mais fácil e eficazmente sua função de proteção social diante das novas formas assumidas pela criminalidade. Com isso, para a proteção da sociedade contra tais "riscos", criam-se novos riscos, quais sejam, os político-criminais, que se manifestam precipuamente nas teses do Direito Penal do Inimigo e que são insustentáveis por estarem diretamente relacionadas a uma visão simbólica do Direito Penal, ou seja, da sua compreensão enquanto instrumento de estabilização social e não de defesa de bens jurídicos.

Assim, repise-se, sob uma perspectiva crítica, é possível afirmar que o "mérito" de Jakobs, a partir da formulação teórica do Direito Penal do Inimigo, é justamente revelar a "face oculta" do modelo de Direito Penal que vem sendo implementado há longa data no Brasil, mas apenas não reconhecido por este nome.

Tal panorama acena, consequentemente, para a premência de um processo de filtragem constitucional do Direito Penal pátrio que lhe restitua a legitimidade, ensejando, assim, uma atuação racional do sistema punitivo, em consonância com o modelo preconizado pela Carta Magna. É com o que se ocupa o capítulo a seguir.

7. Fundamentos de racionalidade da lei penal: notas por uma adequação do Direito Penal à Constituição

O fenômeno expansivo experimentado pelo Direito Penal contemporâneo, em especial no que diz respeito à realidade brasileira, demonstra que o legislador em matéria penal ainda custa a assimilar que as normas penais devem estar construídas sob forte base de garantias, o que significa que os preceitos incriminadores devem respeitar os direitos e garantias fundamentais preconizados pela Carta Política. Assim, os fundamentos na construção das leis penais devem ser racionais, o que significa que a lei penal deve seguir os princípios e garantias e ser *efetiva* e não meramente simbólica.

Assim, destaca-se que dois fundamentos de racionalidade da lei penal devem estar presentes no momento da elaboração legislativa: os *princípios* e a *efetividade*. Isso significa que são necessários princípios normativos pré-ordenados à regulação penal, e critérios instrumentais orientados à realidade social, ou seja, voltados à questão da efetividade da intervenção penal. Os primeiros são praticamente um lugar comum, pois existe consenso em considerar que a Constituição contém os direitos, princípios e valores que dotam de legitimidade toda a regulação jurídica e, em especial, a intervenção penal, toda vez que ela estabelece os limites (mandatos e proibições) do pluralismo ideológico (Zuñiga Rodríquez, 2009).

Assim, a reflexão sobre a fundamentação ética ou filosófica do Direito Penal é de cunho precipuamente constitucional, pois a Constituição faz uma ponte entre este ponto de vista externo ou de crítica do Direito positivo e o ponto de vista interno sobre a validade do mesmo. Nesse rumo, o constitucionalismo atual pode ser visto como a positivação de princípios sobre os direitos e a justiça, que formam parte de uma tradição de pensamento sobre os limites do Estado e a defesa da dignidade e igualdade dos homens (conteúdo material do Estado Social e Democrático de Direito e direitos fundamentais) (Zuñiga Rodríquez, 2009).

O importante é que a devida concretização do Direito Penal passe pela sua legitimação constitucional e isso somente será possível quando os aplicadores da lei o fizerem respeitando os princípios estabelecidos na Carta Política, ainda que não de forma explícita. Através da aplicação e respeito a estes princípios é que se pode falar de um verdadeiro e legítimo Direito Penal em um Estado Social e Democrático de Direito, como se demonstrará a seguir.

7.1. O princípio da proporcionalidade

A Norma Fundamental não oferece soluções categóricas sobre os limites, nem sobre os objetivos da sanção punitiva estatal, mas cria um marco de valores para a decisão político-criminal. Dentro deste marco de valores o princípio da proporcionalidade – a regra de ponderação de interesses como fundamento legitimador da decisão de sacrificar direitos fundamentais no lugar de objetivos sociais – é uma regra fundamental. O princípio da proporcionalidade no âmbito penal supõe desenvolver os subprincípios de *adequação, necessidade* e *proporcionalidade estrita* da intervenção. Como princípio geral de todo o ordenamento jurídico, o princípio da proporcionalidade implica o princípio de subsidiariedade da intervenção penal, a utilização da pena como última razão e, portanto, a utilização privilegiada de outros instrumentos de prevenção menos lesivos aos direitos fundamentais. Ou seja, a utilização de sanção penal somente se justifica quando se trata de proteção de bens jurídicos importantes e da prevenção de danos sociais (adequação e necessidade da intervenção), na quantificação necessária para dita prevenção (proporcionalidade estrita) (Zuñiga Rodríquez, 2009).

Ocorre que o marco de valores que a Norma Fundamental indica nem sempre vem sendo observado na construção de uma Política Criminal que preserva os direitos e as garantias fundamentais do ser humano. Isso resulta claro na elaboração dos tipos penais incriminadores na legislação penal infraconstitucional do Brasil após a Constituição de 1988, que, como se demonstrou nos capítulos precedentes, denotam a passagem de uma política de intervenção mínima a uma política de intervenção máxima, tendo como fundamento a insegurança que vive a sociedade. A pena em muitos casos já não é mais a última razão e o mesmo vale para os bens jurídicos protegidos, pois, como se verifica, a nova tendência incriminadora é a de proteção de bens jurídicos que antes estavam destinados a outras áreas do Direito (Civil, Administrativo, etc.).

De outro lado, a quantificação das penas destinadas a determinados delitos não guarda a devida proporção com a lesão do bem jurídico que se pretende proteger, ocorrendo casos em que o legislador quantifica com penas desproporcionais condutas que não atingem bens jurídicos importantes.

É verdade que pouco se fala do princípio da proporcionalidade em Direito Penal e, ainda que não se encontre explícito na Constituição Federal brasileira, o referido princípio encontra-se implicitamente previsto quando o legislador constitucional se refere à proibição de penas desumanas ou degradantes.[60]

O princípio da proporcionalidade, em sentido estrito, obriga a ponderar a gravidade da conduta, o objeto de tutela e a consequência jurídica. Assim, trata-se de não aplicar um preço excessivo para obter um benefício inferior: se se trata de obter o máximo de liberdade, não poderão prever-se penas que resultem desproporcionais com a gravidade da conduta (Carbonell Mateu, 1999). Não se pode olvidar também que o princípio da proporcionalidade, além de caracterizar a ideia geral de justiça, constitui, de fato, um critério-guia que preside o funcionamento do Estado de Direito: é por esta razão que o princípio em comento constitui um parâmetro essencial de qualquer teoria racional e moderna sobre a função da pena (Giovanni; Musco, 2004).

Diante dessa argumentação, a primeira ponderação que deve ser feita é se a intervenção do Direito Penal resulta rentável para obter a tutela do bem jurídico: se a matéria é própria do Direito Penal e se compensa a utilização do poder punitivo do Estado. É que em relação à dignidade dos bens jurídicos se depreende, de um lado, a necessidade de um reconhecimento constitucional e, de outro, uma materialidade suficiente no bem jurídico. Precisamente do princípio da proporcionalidade se depreende a necessidade de que o bem jurídico tenha a suficiente relevância para justificar uma ameaça de privação de liberdade em geral, e uma efetiva limitação da mesma em concreto (Carbonell Mateu, 1999).

---
[60] Constiuição Federal, art. 5º, III.

Também se deve levar em consideração a gravidade da conduta, isto é, o grau de lesão ou perigo a que se expõe o bem jurídico, pois este tem de ser suficientemente importante para justificar a intervenção do Direito Penal. Assim, por importante que seja o bem jurídico, um ataque ínfimo a ele não pode justificar a intervenção punitiva do Estado (Carbonell Mateu, 1999). Portanto, deve-se deixar de lado as políticas populistas de intervenção estatal quando criminalizam determinadas condutas sob a falsa ideia de que se está protegendo um bem jurídico, quando, de fato, somente se está satisfazendo aos anseios populares e políticos, sem qualquer valor significante de proteção em jogo.

De acordo com Mourullo (2002), o princípio da proporcionalidade orienta para o ordenamento jurídico-penal a vigência do valor "liberdade", entendido genericamente como autonomia pessoal. Se tal autonomia se constitui, senão no principal, em um dos principais eixos axiológicos fundamentais do sistema democrático de organização e de convivência social, resultará que as normas penais, enquanto singularmente restritivas da liberdade, só encontrarão legitimação em sua funcionalidade para gerar mais liberdade da que sacrificam. Caso contrário, elas serão qualificadas de normas injustificadas por sua desproporcionalidade. Tal desproporção poderá provir da falta de necessidade da pena, no sentido de que uma pena menor ou uma medida não punitiva podem alcançar os mesmos fins de proteção com similar eficácia.

O segundo foco de desproporção não radica no excesso da pena em comparação com medidas de menor intensidade coativa, mas no excesso derivado da comparação direta da pena com a lesividade da conduta. Pressuposto, em qualquer caso, de ambos os juízos de proporcionalidade é que o bem jurídico-penal seja uma condição de liberdade – que a norma aporte, ademais de inconvenientes, vantagens em termos de liberdade – e que a pena seja qualitativamente idônea – que seja instrumental – para alcançar os fins de proteção perseguidos. Sem estes dois pressupostos não pode haver ganhos em termos de liberdade que compensem as perdas de autonomia pessoal que inexoravelmente acarreta a intervenção penal (Mourullo, 2002).

Diante desses argumentos, já é possível extrair que algumas condutas tipificadas no Código Penal não possam guardar o mesmo apenamento, ao menos para atos que não reflitam condutas graves de ataque ao bem jurídico protegido. Isso porque um ataque mínimo ou ínfimo a um determinado bem jurídico não pode, muitas vezes, guardar a mesma sanção do que outro bem similar, porém, sem a mesma magnitude. Além disso, a pena deve alcançar o fim de proteção perseguido e, quando desproporcional, não alcança este fim.

Roxin (1989), seguindo um critério similar, fala de *danosidade social* e comenta que uma conduta só pode estar proibida mediante imposição de uma pena quando resulta de todo incompatível com os pressupostos de uma vida em comum pacífica, livre e materialmente segura. Deve-se, acrescentar, ainda, que esta conduta só pode estar proibida mediante uma pena justa em face do que se protege.

É que o moderno Direito Penal não se vincula mais à imoralidade da conduta, mas à danosidade social, é dizer, à sua incompatibilidade com as regras de uma próspera vida em comum. Disso se segue, ao contrário, que uma conduta imoral deve permanecer impune quando não altera a pacífica convivência (Roxin, 1989).

Sob o argumento da danosidade social, também se extrai do que leciona Roxin que uma conduta só deve estar incriminada quando for incompatível com a vida pacífica e isso significa que não se pode igualar as sanções penais de condutas que, do ponto de vista da danosidade, não atingem, de forma idêntica, o mesmo bem jurídico, ainda que estejam no mesmo capítulo do Código Penal, ou que, em tese, protejam o mesmo bem jurídico.

Por sua vez, Mir Puig (1994) refere que a importância social do bem merecedor de tutela jurídico-penal deve estar em consonância com a gravidade das consequências próprias do Direito Penal. Assim, o uso de uma sanção tão grave como a pena requer o pressuposto de uma infração igualmente grave. E ainda quando se demonstra que os bens jurídicos protegidos devem ser os reconhecidos constitucionalmente, menciona que seria evidentemente contrário ao princípio da proporcionalidade protegê-los de todo ataque, inclusive ínfimo, sem requerer um mínimo de afetação do bem.

Carbonell Mateu (1999) assinala que a proporcionalidade também pode ser posta em relação com o princípio da igualdade: assim, resulta contrário a ambos princípios a previsão da mesma pena para condutas de diferente transcendência.

A exigência da proporcionalidade, portanto, deve ser determinada mediante um juízo de ponderação entre a "carga coativa" da pena e o fim perseguido pela cominação penal. A ponderação deve ser efetuada "desde a perspectiva do direito fundamental e do bem jurídico que veio a limitar seu exercício", determinando se as medidas adotadas são ou não proporcionais à defesa do bem que dá origem à restrição (Cobo del Rosal; Vives Antón, 1999, p. 88).

De acordo com Zulgadía Espinar (1993), ainda que o princípio da proporcionalidade das penas não apareça expressamente na Constituição Espanhola, a doutrina entende que a exigência da proporcionalidade *abstrata* entre a gravidade do delito e a gravidade da pena a ele cominada e a exigência de proporcionalidade *concreta* entre a pena aplicada ao autor e a gravidade do fato cometido, possuem categoria constitucional, de acordo com o art. 15 daquela Constituição.[61]

Nesse sentido, afirma-se que a proibição constitucional de penas desumanas e degradantes contém implicitamente um princípio de proporcionalidade, já que só a pena proporcional à gravidade do fato cometido é humana e respeita a dignidade da pessoa, é dizer, não é degradante. Com efeito, a história da humanização das penas é, em grande medida, a de sua progressiva adequação a uma proporcionalidade que não resulte lesiva do sentimento jurídico de cada época (Zulgadía Espinar, 1993).

Assim, ainda que o princípio da proporcionalidade manifeste-se dentro do marco da culpabilidade, também tem transcendência na medida em que o Direito Penal constitui uma limitação de direitos fundamentais: entre as condições sob as quais é legítima a limitação de um direito fundamental se encontra também a proporcionalidade que deve existir entre a limitação e a importância do direito afetado. Portanto, o princípio da proporcionalidade obriga o legislador a não ameaçar com imposição de penas de excessiva gravidade em relação ao bem jurídico protegido.

Desta forma, o legislador está duplamente limitado com respeito à gravidade das penas: por um lado não pode impor penas desumanas ou degradantes, por império da inviolabilidade da dig-

---

[61] O artigo 15 da Constituição da Espanha diz o seguinte: "Todos tem direito à vida e a integridade física e moral, sem que, em nenhum caso, possam ser submetidos a tortura nem a penas ou tratos desumanos ou degradantes. Fica abolida a pena de morte, salvo o que possam dispor as leis militares para tempos de guerra".

nidade da pessoa e, por outro, deve estabelecer penas proporcionais à gravidade do delito que se sanciona (Bacigalupo, 2002).

Essa orientação deve ter aplicação na interpretação dos tipos penais, principalmente quando protegem o mesmo bem jurídico e estabelecem sanções idênticas, porém, desproporcionais à conduta realizada. Também deve ser seguida quando se verifica tão somente um cunho promocional dessa "efetiva" proteção que se quer emprestar ao bem jurídico, quando, na realidade, ela seria desnecessária.

Segundo Mourullo (2002, p. 76), a doutrina da proporcionalidade da jurisprudência constitucional espanhola tem dois pontos de partida. O primeiro no sentido de que não constitui no ordenamento constitucional espanhol um cânon de constitucionalidade autônomo cuja alegação possa produzir-se de forma isolada a respeito de outros preceitos constitucionais, mas, no essencial, uma regra de tratamento dos direitos fundamentais: "é o dos direitos fundamentais o âmbito em que normalmente e de forma particular resulta aplicável o princípio de proporcionalidade" (STC 136/1999). "Assim, este Tribunal vem reconhecendo em numerosos acórdãos em que se declarou que a desproporção entre o fim perseguido e os meios empregados para consegui-lo pode dar lugar a um ajuizamento desde a perspectiva constitucional quando essa falta de proporção implica um sacrifício excessivo e desnecessário dos direitos que a Constituição garante" (SSTC 62/1982).

Citando ainda os acórdãos do Tribunal Constitucional espanhol, Mourullo (2002, p. 76) refere que concretamente

> (...) em matéria penal, esse sacrifício desnecessário ou excessivo dos direitos pode produzir-se bem por resultar desnecessária uma reação de tipo penal ou por ser excessiva a quantia ou extensão da pena em relação com a entidade do delito (desproporção em sentido estrito). Nesta matéria, em que a previsão e aplicação das normas supõe a proibição de certo tipo de condutas através da ameaça da privação de certos bens – e, singularmente, no que é a pena mais tradicional e paradigmática, através da ameaça de privação da liberdade pessoal -, a desproporção afetará ao tratamento do direito cujo exercício fica privado ou restrito com a sanção (STC 136/1999).

O segundo ponto de partida, que conduz a um juízo de constitucionalidade extremamente cauteloso, está construído

> (...) pela potestade exclusiva do legislador para configurar os bens penalmente protegidos, os comportamentos penalmente repreensíveis, o tipo e a quantia das san-

ções penais, e a proteção entre as condutas que pretende evitar e as penas com as quais tenta consegui-lo. No exercício de dita potestade o legislador goza, dentro dos limites estabelecidos na Constituição, de uma ampla margem de liberdade que deriva de sua posição constitucional e, em última instância, de sua específica liberdade democrática. De acordo com isso que, em concreto, a relação de proporção que deva guardar um comportamento penalmente típico com a sanção que lhe corresponde será o fruto de um complexo juízo de oportunidade que não supõe uma mera execução ou aplicação da Constituição, e para o que deve atender não só ao fim essencial e direto de proteção ao que responde a norma, mas também a outros fins legítimos que possa perseguir com a pena e as diversas formas em que a cominação abstrata da pena e sua aplicação influem no comportamento dos destinatários da norma – intimidação, eliminação da vingança privada, consolidação das convicções éticas gerais, reforço do sentimento de fidelidade ao ordenamento, ressocialização, etc. – e que se classificam doutrinariamente sob as denominações de prevenção geral e de prevenção especial. Estes efeitos da pena dependem, por sua vez, de fatores tais como a gravidade do comportamento que se pretende dissuadir, as possibilidades fáticas de sua detecção e sanção e as percepções sociais relativas à adequação ente delito e pena (STC 136/1999; SSTC 5/1996). (Mourullo, 2002, p. 76).

Em síntese, de acordo com o Tribunal Constitucional espanhol, o juízo de proporcionalidade tem o seguinte conteúdo: deve-se indagar, em primeiro lugar, se o bem jurídico protegido pela norma questionada, ou melhor, se os fins imediatos e mediatos de proteção da mesma são suficientemente relevantes, posto que a vulneração da proporcionalidade poderia ser declarada já num primeiro momento de análise, e se o sacrifício da liberdade que impõe a norma persegue a prevenção de bens ou interesses não só, por suposto, constitucionalmente proscritos, mas já, também, socialmente irrelevantes (Mourullo, 2002).

Em segundo lugar, deverá indagar-se se a medida era idônea e necessária para alcançar os fins de proteção que constituem o objetivo do preceito em questão. E, finalmente, se o preceito é desproporcionado desde a perspectiva da comparação entre a entidade do delito e a entidade da pena. Desde a perspectiva constitucional só caberá qualificar a norma penal ou a sanção penal como desnecessária quando, "à luz da razão lógica, de dados empíricos não controvertidos e do conjunto de sanções que o mesmo legislador estimou necessárias para alcançar fins de proteção análogos, resulta evidente a manifesta suficiência de um meio alternativo menos restritivo de direitos para a consecução igualmente eficaz das finalidades desejadas pelo legislador" (STC 55/1996). E só caberá catalogar a norma penal ou a sanção penal que esta inclui como estritamente desproporcionada "quando concorra um desequilíbrio patente e excessivo ou não razoável entre a sanção e a finalidade da norma a partir das pautas axiológicas constitucionalmente indiscutíveis e de sua concreção na própria atividade legislativa" (STC 161/1997; STC 55/1996; STC 136/1999) (Mourullo, 2002, p. 78).

De acordo com o exposto, e com base nas decisões do Tribunal Constitucional espanhol, parece claro que as penas impostas devem guardar proporção com os fins de proteção a que se propõem. Como já mencionado, implicitamente a Constituição brasileira também alberga esta regra e, portanto, na hora de verificar a aplicação dos preceitos penais e suas respectivas sanções em relação às condutas realizadas, dever-se-á levar em conta o princípio da proporcionalidade.

Depreende-se, assim, que o princípio da proporcionalidade das penas deve operar em duplo âmbito: no legislativo (mandato dirigido ao legislador para que as penas abstratamente cominadas sejam proporcionais à gravidade dos delitos) e no judicial (mandato dirigido aos juízes e Tribunais para que as penas concretamente impostas aos autores dos delitos guardem também proporcionalidade com a gravidade do fato em concreto) (Zulgadía Espinar, 1993).

Neste ponto, fica claro que os juízes e os Tribunais deverão guardar a devida proporção ao aplicar a sanção em relação ao delito cometido, mensurando a gravidade do delito, a conduta realizada e o bem jurídico protegido, porque somente assim haverá uma aplicação legítima e constitucional do Direito Penal, ou, dito de outro modo, a verdadeira concretização constitucional do Direito Penal.

Assim, o princípio da proporcionalidade, como princípio independente dentro dos princípios da sanção, recolhe a crença de que a entidade da pena, isto é, a aflição que ela origina por sua natureza e intensidade ou pelos efeitos sócio-pessoais que desencadeia, deve acomodar-se à importância da afetação ao objeto tutelado e à intensidade da responsabilidade concorrente. Trata-se de um princípio que aporta um conteúdo de legitimação significativo à decisão político-criminal de haver acudido ao controle social jurídico-penal. Se o primeiro princípio da sanção estabelece exigências incondicionadas e o segundo descobre a utilidade da pena, o terceiro quer garantir que o mal que com ela mesma ou com seus efeitos se produz tenha relação com a gravidade do danificado e da responsabilidade por isso (Díez Ripollés, 2003).

O princípio deve atender, já em nível legislativo, dois planos, que podem ser chamados de abstrato e concreto. Pelo primeiro, a entidade da pena prevista deve corresponder à importância do tutelado e ao âmbito de responsabilidade estabelecido. Pelo segundo, a pena deve configurar-se de tal maneira que permita ser acomodada às variações que a afeição ao objeto de proteção e a estruturação de responsabilidade possam experimentar no caso concreto (Díez Ripollés, 2003).

Por fim, é na racionalidade teleológica onde se deve lograr um acordo sobre quais podem ser as pautas mediante as quais se pode estabelecer de modo satisfatório uma escala de proporcionalidade tanto abstrata quanto concreta (Díez Ripollés, 2003).

7.2. O princípio da ofensividade

A sociedade deve ser protegida coletivamente diante de condutas que afetam as necessidades da convivência social, condutas que em tal medida podem ser consideradas como socialmente danosas (Díez Ripollés, 2003). Porém, nem todas as condutas que lesem bem jurídicos podem entrar neste rol de proteção, devendo o legislador se preocupar com aquelas que atingem, ou colocam em perigo, determinados bens jurídicos.

Partindo-se do pressuposto de que a função do Direito Penal é a proteção de bens jurídicos, é correto afirmar que todo delito deve comportar a lesão ou colocação em perigo de um bem jurídico, exigindo, consequentemente, no momento de aplicação da lei penal, que o comportamento concreto que será julgado tenha lesionado ou colocado em perigo o bem jurídico. Neste sentido, fala-se de uma "dupla influência" do princípio da lesividade: por uma parte, sobre o legislador, que é o que elege o bem jurídico a tutelar; por outra parte, sobre o juiz, que não se pode conformar com a subsunção formal do fato no comportamento descrito pela norma, mas que terá de comprovar que dito comportamento lesionou ou colocou em perigo o bem jurídico protegido através de dita norma e, no caso em que isso não ocorra, declarar sua atipicidade (Aguado Correa, 1999).

Segundo Carbonell Mateu (1999), o princípio da ofensividade ou lesividade exige que não exista delito sem lesão ou colocação em perigo de um bem jurídico: *nullum crimen sine injuria*. No seio de uma concepção imperativa da norma, a exigência do bem jurídico para a tipificação de uma conduta é, certamente, um louvável desejo: desde o princípio da ofensividade limita-se o poder punitivo do Estado, no sentido de que o legislador não deverá proibir a realização de condutas – nem obrigar a realização positiva – senão em virtude de que resultem lesivas para um bem jurídico.

Ainda sobre o tema, refere Carbonell Mateu (1999) que não só a dignidade formal é necessária para afirmar o princípio da ofensividade, mas, também, a material, ou seja, o bem jurídico deve tratar-se de um valor assumido socialmente, suscetível de ataque e destruição, isto é, de ser lesionado ou posto em perigo gravemente e necessitando, portanto, da tutela penal. Assim, a valoração constitucional de um bem jurídico não implica em absoluto a necessidade de sua tutela penal: nem nos casos onde a Constituição explicitamente encarrega ao legislador democrático a tutela penal do bem jurídico, pois neste ponto também vige o princípio de intervenção mínima e o caráter subsidiário do Direito Penal.

De acordo com o exposto e de acordo com um modelo de Direito Penal mínimo, a intervenção punitiva só pode justificar-se a respeito de condutas transcendentes para os demais e que afetem as esferas de liberdade alheias, sendo contrário ao princípio da ofensividade o castigo de uma conduta imoral, antiética ou antiestética que em absoluto invada as liberdades alheias e, especificamente, incida na liberdade de obrar dos demais. Desse modo, pode-se afirmar que a dignidade do bem jurídico tem um duplo requisito: formal – sua relevância constitucional – e material – sua interferência nas esferas de liberdade alheias.

Assim, o princípio da ofensividade repousa na consideração do delito como um ato desvalorado, isto é, contrário à norma de valoração. A antijuridicidade comportará o desvalor próprio do resultado, isto é, da lesão ou colocação em perigo do bem jurídico, e derivado de uma ação desvalorada, ou seja, perigosa para a integridade do objeto ou dos objetos de tutela. A desvaloração vem dada, portanto, pela dupla consideração da ação e do resultado como objetos da mesma. E o princípio de ofensividade determinará a não tipificação de condutas que não resultam perigosas para os bens jurídicos ou que não possam comportar lesão ou colocação em perigo de valores com relevância constitucional (Carbonell Mateu, 1999).

Nesse sentido, opera também o caráter material da antijuridicidade, ou seja, não só como reveladora de uma conduta humana voluntária que contraria a ordem jurídica (antijuridicidade formal), mas, como uma conduta humana que, ao contrariar a ordem jurídica lesa ou expõe a perigo de lesão determinados bens jurídicos. E, dentro deste caráter material, onde se verifica o desvalor do resultado – na lesão ou exposição do bem jurídico – é que também se verifica a correta e justa medição da pena. É que muitas condutas atingem o mesmo bem jurídico, porém, algumas se revelam de maior gravidade, ainda que o objeto de proteção seja o mesmo. A antijuridicidade material permitirá a graduação do injusto (Jescheck, 1993).

Como firma Jescheck (1993), a antijuridicidade material é o guia do legislador para estabelecer os tipos penais, assim como a ideia reitora dos órgãos dedicados à persecução penal quando têm de buscar o preceito aplicável no caso concreto. O ponto de vista da antijuridicidade material permite, ademais, escalonar o injusto segundo a sua gravidade e expressar as diferenças graduais na medição da pena. A contemplação material possibilita também a interpretação dos tipos atendendo aos fins e representações valorativas que lhes servem de base.

A maior ou menor gravidade da lesão do bem jurídico, ou a maior ou menor periculosidade de seu ataque influenciam, decisivamente, na gravidade do fato. Dentro da margem de arbítrio judicial que a lei concede, portanto, isso pode servir de base à concreta determinação da pena (Mir Puig, 1999).

Isso fica claro a partir da edição de alguns tipos penais ou do aumento de pena de outros existentes. Porque ainda que protejam o mesmo bem jurídico, o desvalor do resultado não é o mesmo. Ocorre que no desvalor do resultado de algumas condutas pode-se claramente verificar que o bem jurídico não sofre a mesma lesão, devendo-se graduar corretamente a pena, ou, se for o caso, desclassificar o delito imputado ao acusado.

De todo o exposto, para que os tribunais apliquem corretamente o direito à espécie, é imperioso que se dê validade ao critério da proporcionalidade e da ofensa ao bem jurídico, o que deverá refletir na correta medição da pena e, também, na correta tipificação da conduta realizada. Somente assim se estará trabalhando corretamente com os critérios constitucionais que devem nortear a aplicação do Direito Penal.

7.3. Efetividade *versus* eficiência

No que se refere à racionalidade instrumental do Direito Penal, é importante destacar a necessidade de que os conhecimentos que pretendem um rigor cumpram um fim social, resolvam problemas, sejam efetivos, posto que a orientação de seus fins e o cumprimento dos mesmos é que lhe conferem legitimidade. Atualmente, a técnica e o intercâmbio de informação passam para o primeiro plano no âmbito do saber, e não há mais tempo para as reflexões de legitimação, mas somente para as estratégias. O caldo de cultivo das sociedades atuais já não é a "ideologia", mas a efetividade. A busca do saber já não se faz em função da verdade, mas do aumento de poder, de capacidades. O saber, desde a perspectiva do poder, deixa de ser considerado em termos de conhecimento para sê-lo em termos de efetividade (Zuñiga Rodríquez, 2009).

O problema que se apresenta nesse tópico é que podem ocorrer duas concepções sobre efetividade. A primeira concepção trata da busca do fim por qualquer meio: para lograr um determinado fim vale inclusive a construção de imagens, ideologias, enfim, qualquer estratégia, e o especialista é um tecnocrata a serviço do fim desenhado, dentro do que pode ser chamado de *eficientismo*. A segunda concepção de efetividade é no sentido de contrastar os fins perseguidos com os objetivos cumpridos, de controle da racionalidade por meio do cumprimento de metas, onde o especialista determina os problemas e desenha as estratégias (Zuñiga Rodríguez, 2009).

Este segundo sentido de efetividade é o que deve ser buscado. Por isso, não se deve confundir efetividade da lei penal com eficientismo, isto é, com o pragmatismo utilitarista que se impôs na legislação penal, a partir do qual se aproveitam as demandas de lei e ordem, construídas por meios dos meios de comunicação, para dar respostas simbólicas de maior intervenção penal. Estas medidas não só não correspondem aos princípios básicos da consideração do Estado de Direito, como também não são efetivas, posto que não logram nenhum fim preventivo real (Zuñiga Rodríguez, 2009).

Como se nota na elaboração da legislação penal dos últimos anos, a primazia é a do eficientismo utilitarista, com fins políticos e de promoção de determinadas campanhas pela segurança do cidadão. Essa Política Criminal tem imperado na hora da elaboração legislativa em matéria penal, principalmente quando se verifica um aumento na comissão de determinados delitos ou de insegurança do cidadão, fato este promovido pelos meios de comunicação em campanhas massivas no sentido de que o Direito Penal deve intervir, como se procurou demonstrar no capítulo 2. Nestes casos, a proposta sempre é a de aumento das penas e a de criminalização de novas condutas, embora o que se note na prática é que os delitos tradicionais são os que sofrem esse aumento nas penas, por meio das equiparações conceituais equivocadas de que se tratou no capítulo 5.

As respostas propostas pela Política Criminal eficientista não estão preocupadas com a efetividade da lei penal, mas em passar uma falsa mensagem (simbólica) de segurança e controle sobre a criminalidade, fato este que não se verifica na prática.

A Política Penal expansiva necessita de crédito na disfunção social existente para que se possa intervir por meio do Direito Penal, ainda que dita intervenção seja meramente simbólica. A característica dessa disfunção social é a falta de relação entre uma determinada situação social ou econômica e a resposta ou falta de resposta que a ela dá o subsistema jurídico, nesse caso o Direito Penal (Díez Ripollés, 2005). Este fato é sempre explorado ao máximo quando se pretende incluir na pauta as reformas penais expansivas, isto é, procura-se demonstrar que o Direito Penal tradicional já não responde aos anseios de segurança social, portanto, devem-se buscar dentro deste mesmo ramo duas medidas: recrudescimento do modelo existente ou elaboração de novas formas de incriminação, política esta que é eficientista, porém, não efetiva.

De tudo o que foi dito é importante que se observe que o debate sobre a intervenção penal não se centra na norma, mas no momento prévio: na orientação político-criminal, na seleção dos instrumentos para prevenir a criminalidade, na criação da norma penal e, consequentemente, na determinação de um programa integral de Política Criminal frente a um fenômeno criminal (Zuñiga Rodríguez, 2009).

O problema é que não há, de fato, um programa integral de política criminal e, portanto, não se pode falar em acordos ou políticas legislativas nesse tema, pois, como se sabe, há divergências de fins, valores, orientações ou modelos penais, o que conduz à legislação de emergência como resposta simbólica em determinados casos concretos.

Como destaca Zuñiga Rodríguez (2009), a Política Criminal é que permite a conexão do sistema penal aos princípios básicos do Estado Democrático de Direito, aos valores constitucionais, ou seja, ao primeiro fundamento de racionalidade que se demanda em uma elaboração legislativa em sede penal. A Política Criminal no âmbito de seleção dos instrumentos para enfrentar a criminalidade, coloca como princípio fundamental o da subsidiariedade, como expressão do princípio geral do Estado Democrático de Direito. Assim, trata-se de fazer uma seleção de instrumentos de acordo com os sub-princípios de oportunidade, lesividade e necessidade, para o enfrentamento à criminalidade.

O problema é que a Política Criminal, enquanto expressão da política geral do Estado, responde aos fins e as metas dos governantes. E o que ocorre quando os governantes não têm fins e metas claramente propostos? A resposta só pode ser uma: legislação de emergência para determinados delitos que abalam a sociedade. No entanto, referido abalo também é impulsionado pelos meios de comunicação, criando-se um círculo de insegurança onde todos clamam pela intervenção do Estado. Nesse ponto é interessante ressaltar que aparecem "políticas" de prevenção da esquerda e da direita, propondo a solução para os conflitos sociais existentes através do já conhecido binômio: aumento de penas e incriminação de novas condutas.

A tendência moderna dos Estados, inclusive os que não possuem qualquer programa de Política Criminal, é no sentido da segurança do cidadão, tolerância zero, lei e ordem, isto é, maximalista na parte punitiva e minimalista na parte social. Neste contexto, as reformas penais prescindem da doutrina penal e já não se faz mais necessário a discussão das reformas antes de aprová-las, dado que o importante é a repercussão midiática que elas terão.

Aqui aparece com toda a força o caráter simbólico do Direito Penal e dos interessados nas repercussões e ganhos políticos que isso pode trazer. Voltamos ao eficientismo e deixamos de lado a efetividade. Na maioria das vezes, essas reformas de cunho simbólico deixarão uma falsa impressão de segurança, porém, sem qualquer comprovação efetiva de que de fato isso ocorreu.

Na visão de Baratta (2004), o eficientismo penal constitui uma nova forma de *direito penal de emergência*, degeneração que sempre acompanhou a vida do Direito Penal moderno. Com isso, o Direito Penal deixa de ser subsidiário, de constituir a *última ratio* de acordo com a concepção liberal clássica, e se converte na *prima ratio*, uma panaceia com a qual se deseja enfrentar os mais diversos problemas sociais.

Há uma ideia generalizada de que o Direito Penal pode cumprir determinadas funções que deveriam ser destinadas a outros ramos do ordenamento jurídico,[62] porém, como o Estado é ineficiente para a resolução de determinados problemas sociais, sempre se vale do instrumento ameaçador que constitui o Direito Penal. Na área fiscal isso fica cristalino com a criação de tipos penais que visam unicamente à cobrança de tributos, claro, mediante a ameaça da pena estatal. Também na regulação do trânsito de veículos cada vez mais se deixa de lado o Direito Administrativo para que o Direito Penal resolva o problema.

Ou seja: não há políticas públicas, mas há o velho e bom Direito Penal, que se transforma, desse modo, em um instrumento ao mesmo tempo repressivo (com o aumento da população carcerária e a elevação qualitativa e quantitativa do nível da pena) e simbólico (com o recurso a *leis-manifesto*, através do qual a classe política reage à acusação de "afrouxamento" do sistema punitivo por parte da opinião pública). Chega-se, assim, a um modelo de *Direito Penal Mágico*, cuja principal função, lembra Baratta (2004), parece ser o exorcismo.

7.4. O sistema penal no Estado Democrático de Direito brasileiro

De acordo com o até aqui exposto, chega-se à conclusão de que a criminalização de estágios prévios ao início do delito, de criação de novos tipos penais, de supressão de garantias processuais, en-

---

[62] Nesse sentido, Figueiredo Dias (1998).

fim, de que o processo de expansão do Direito Penal como um todo, é decorrência da noção de *eficiência* que se procura imprimir ao Direito Penal, como resposta eficaz ao descontrole da sociedade, mas que, na realidade, traduz-se no descontrole do Estado.

Esse descontrole demonstra a contaminação do Direito Penal (e Processual Penal) pelas leis de exceção, de supressão de garantias, tudo em nome de uma suposta segurança do cidadão. Também fica clara uma distorção de interpretação pelos operadores do Direito, pois a legislação ordinária acaba prevalecendo sobre a Constituição Federal, quando deveria acontecer o oposto.

Infelizmente, a desordem do Estado tem proporcionado a abertura destes novos caminhos que não se coadunam com um Estado Democrático de Direito e caberá aos operadores do Direito a leitura correta das leis vigentes, mas sem eficácia diante de nossa Carta Política, dado que, em um Estado Democrático de Direito, a atividade penal estatal somente pode ser desenvolvida como *ultima ratio* na proteção dos bens jurídicos mais relevantes, a partir de prévia autorização e regulamentação legal; por outro lado, são conferidos aos cidadãos mecanismos aptos a lhes resguardarem de toda e qualquer ação arbitrária ou abusiva por parte do Estado, haja vista que o respeito aos direitos fundamentais do ser humano é, nesta ótica, o pressuposto central da intervenção penal.

Nesse sentido, torna-se possível afirmar que um modelo de intervenção penal minimalista é o que melhor se amolda aos postulados do Estado Democrático de Direito preconizado pelo legislador constitucional brasileiro, eis que é o único modelo de Direito Penal que permite a implementação de toda a série de garantias fundamentais previstas na Carta Magna nacional, em especial aquelas que compõem o rol do seu art. 5º. Desta forma, também se garante, consequentemente, o respeito à dignidade da pessoa humana, que, por força do inciso III do art. 1º da Constituição Federal, constitui um dos valores sobre os quais se funda o Estado Democrático de Direito brasileiro.

No entanto, em que pese a Constituição Federal albergar um modelo de intervenção penal mínima e garantidora dos direitos fundamentais do ser humano como parâmetro de aferição da legitimidade do sistema penal, verifica-se que, na prática, existe uma tendência – que se revela tanto a partir da legislação penal ordinária que vem sendo produzida no país inclusive após a vigência da Carta Constitucional de 1988, quanto da atuação dos órgãos integrantes do sistema punitivo – a se enveredar para a implementação de um modelo de Direito Penal máximo.

Isso se deve ao fato de que a legislação penal ordinária vigente no país encontra-se marcada por características que somente se coadunam com modelos de máxima intervenção penal, uma vez que são flagrantemente violadoras de direitos fundamentais da pessoa humana. Tal é o caso, principalmente, das leis que vêm sendo recentemente promulgadas no país, as quais, sob a influência de discursos de justificação que encontram respaldo no senso comum acerca de como se deve proceder no combate à delinquência, desconsideram as origens sociais da criminalidade, pugnando tão somente pela implementação de um Direito Penal altamente repressivista, o que se procurou demonstrar no capítulo anterior.

Este panorama de alargamento do âmbito de intervenção do sistema penal resulta agravado pela atuação dos órgãos que o integram, os quais, dadas as características de sua operacionalidade, se transformam em verdadeiras máquinas de violação de direitos humanos, privando, assim, o sistema punitivo pátrio de qualquer legitimidade, uma vez que sua atuação afronta até mesmo os mais comezinhos princípios constitucionais. Além da seletividade que é intrínseca à atuação do sistema penal – em afronta ao princípio constitucional da igualdade – a violência por ele despendida no enfrentamento da criminalidade é um fato que já não pode mais ser negado, não obstante os esforços nesse sentido empreendidos. Como refere Copetti (2000, p. 66),

> (...) as lesões, os homicídios, as sevícias, os tormentos, as torturas, os castigos físicos, as violências sexuais, praticadas quando os perseguidos encontram-se nas mãos do Estado, revelam a existência de uma violência institucionalizada, cujo ocultamento torna-se cada vez mais uma atividade de extrema dificuldade para os componentes do *establishment* estatal penal. Dentre estes fatos, o mais notório é a morte, e a deslegitimação do discurso e do sistema penal por ele proporcionada ultrapassa os limites teóricos, não só pela sua fácil percepção, mas, principalmente, porque atinge diretamente a consciência ética humanista.

Entretanto, não obstante este processo de desvirtuamento do Direito Penal pátrio, afastando-o do modelo de intervenção penal mínima consubstanciado na Constituição Federal, tem-se que uma das características do Estado Democrático de Direito é justamente o seu caráter de instrumento de transformação do *status quo* da sociedade, através da redução das diferenças sociais, realizando a justiça social através de normas fixadas em uma Constituição na qual prevalece o interesse da maioria. O Estado Democrático de Direito, assim, tem a característica de ultrapassar não só a formulação do Estado Liberal de Direito, como também a do Estado Social de Direito, impondo, consequentemente, à ordem jurídica e à atividade estatal um conteúdo de transformação da realidade (Morais, 1996).

E é justamente esta característica do Estado Democrático de Direito que transforma a Constituição Federal brasileira, não em uma mera "carta de intenções" composta tão somente por normas programáticas. Pelo contrário, a Constituição constitui um hábil instrumento para a construção de uma sociedade mais justa e igualitária que, justamente em virtude disso, prescinde de um Direito Penal máximo cuja função precípua, como se ressaltou no decorrer deste trabalho, é o controle das classes menos favorecidas ao sabor do arbítrio do poderio econômico. Afinal, como refere Copetti (2000, p. 88), "toda e qualquer resposta à deslegitimação enfrentada pelo discurso jurídico-penal e pelo sistema penal importa em repensar o próprio modelo de sociedade".

Nesse sentido, tem-se como questão fundamental a ser enfrentada pelo Estado brasileiro a incorporação efetiva da igualdade na realidade social do país, através de políticas sociais que assegurem a todos cidadãos condições mínimas para uma existência digna. É esta a proposta da Constituição Federal, ou seja, a construção de uma sociedade isonômica, onde, justamente em virtude da igualdade substancial de todos, um modelo de Direito Penal mínimo é o único que se justifica, eis que, uma vez identificadas e sanadas as origens sociais da criminalidade, a intervenção penal se justificaria somente em casos extremos, quais sejam, os casos de fracasso das políticas sociais.

Além dessa reforma social, tem-se que a garantia dos direitos fundamentais, através da sanção de anulabilidade dos atos inválidos – seja das leis, por violação às normas constitucionais, seja dos atos administrativos e/ou judiciais por violação às leis constitucionalmente válidas – é imprescindível para se conferir legitimidade ao sistema punitivo no Estado Democrático de Direito (Copetti, 2000). Daí a necessidade de se efetuar uma "filtragem constitucional" do Direito Penal pátrio, de forma a permitir que permaneçam vigentes tão somente aquelas normas que possuem fundamentação antropológica e que, em decorrência disso, priorizem a vida e a dignidade da pessoa humana, ensejando, assim, uma atuação racional do sistema punitivo. Somente assim, a partir da implementação de um modelo de Direito Penal mínimo e garantista, é que se poderá reduzir o alto grau de arbitrariedade, desigualdade e seletividade que marcam historicamente o sistema punitivo no Brasil.

Referências

AGUADO CORREA, Teresa. El *principio de proporcionalidad em Derecho Penal*. Madrid: Edersa, 1999.

ALBRECHT, Peter-Alexis. El derecho penal en la intervencíon de la política populista. *La insostenible situación del Derecho Penal*. Granada: Instituto de Ciencias Criminales de Frankfurt. Área de Derecho Penal de la Universidad Pompeu Fabra, 2000, p. 471-487.

ANDRADE, Vera Regina Pereira de. *A ilusão de segurança jurídica:* do controle da violência à violência do controle penal. Porto Alegre: Livraria do Advogado, 1997.

APONTE, Alejandro. Derecho penal de enemigo vs. derecho penal del ciudadano. Günther Jakobs y los avatares de un derecho penal de la enemistad. *Revista Brasileira de Ciências Criminais*. São Paulo: Revista dos Tribunais, n° 51, p. 9-43, 2004.

BACIGALUPO, Enrique. *Justicia Penal y Derechos Fundamentales*. Madrid: Marcial Pons, 2002.

BALTAZAR JUNIOR, José Paulo. *Crimes Federais*. Porto Alegre: Livraria do Advogado, 2006.

BATISTA, Nilo. *Mídia e Sistema Penal no Capitalismo Tardio*. Disponível em: <http://www.bocc.ubi.pt>. Acesso em: 08 jan. 2009.

BATISTA, Vera Malaguti. *O medo na cidade do Rio de Janeiro:* dois tempos de uma história. Rio de Janeiro: Revan, 2003.

——. Você tem medo de quê? In: *Revista do Instituto Brasileiro de Ciências Criminais*. São Paulo: RT, n° 53, p. 367-378, 2005.

BARATTA, Alessandro. Funciones instrumentales y simbólicas del Derecho Penal: una discusión en la perspectiva de la criminología crítica. *Pena y Estado:* la función simbólica del derecho penal. Barcelona: PPU, 1991, p. 37-55.

——. Nuevas reflexiones sobre el modelo integrado de las ciencias penales, la política criminal y el pacto social. *Criminologia y Sistema Penal*. Buenos Aires: Editorial B de F, 2004.

BAUMAN, Zygmunt. *Globalização:* as conseqüências humanas. Rio de Janeiro: Jorge Zahar, 1999.

——. *Vidas desperdiçadas*. Rio de Janeiro: Jorge Zahar, 2005.

——. *Tempos líquidos*. Rio de Janeiro: Jorge Zahar, 2007.

——. *Medo líquido*. Rio de Janeiro: Jorge Zahar, 2008.

BECK, Ulrich. *La sociedad del riesgo:* hacia una nova modernidad. Trad. Jorge Navarro, Dabiel Jiménez e Maria Rosa Borrás. Barcelona: Paidós, 1998.

——. *La sociedade del riesgo global*. Trad. Jesús Alborés Rey. Madri: Siglo XXI de España, 2002.

BELLI, Benoni. *Polícia, "tolerância zero" e exclusão*. Disponível em: <http://www.dantaspimentel.adv.br/jcdp5134.htm>. Acesso em: 15 out. 2004.

BOURDIEU, Pierre. *Sobre a televisão*. Trad. Maria Lúcia Machado. Rio de Janeiro: Jorge Zahar, 1997.

BRANDARIZ GARCÍA, José Ángel. Itinerarios de evolución del sistema penal como mecanismo de control social em las sociedades contemporâneas. In. CABANA, P. F.; BRANDARIZ GARCÍA, J. A.; PUENTE ABA, L. M. (org.). *Nuevos retos del derecho penal en la era de la globalización*. Valencia: Tirant lo blanch, 2004, p. 15-63.

BRAUM, Stefam. La investigación criminal encubierta como característica del processo penal autoritário, in *La insostenible situación del Derecho Penal*. Granada: Comares, 2000.

CALLEGARI, André Luís. Direito Penal e Constituição: condições e possibilidades de uma adequada aplicação da pena. In. SANTOS, A. L. C.; STRECK, L. L.; ROCHA, L. S. (orgs.). *Constituição, sistemas sociais e hermenêutica*. nº 3. Porto Alegre: Livraria do Advogado; São Leopoldo: UNISINOS, 2007, p. 61-72.

——; MOTTA, Cristina Reindolff. Estado e política criminal: a expansão do Direito Penal como forma simbólica de controle social. In. CALLEGARI, André Luís (org.). *Política Criminal, Estado e Democracia*. Rio de Janeiro: Lumen Juris, 2007, p. 1-22.

CARBONELL MATEU, Juan Carlos. *Derecho penal:* concepto y princípios fundamentales. 3. ed. Valencia: Tirant lo blanch, 1999.

CARVALHO, Edward Rocha de; COUTINHO, Jacinto Nelson de Miranda. Teoria das janelas quebradas: e se a pedra vem de dentro? *Boletim do Instituto Brasileiro de Ciências Criminais*. Ano 11, Edição especial 9º Seminário Internacional, p. 6-8, out. 2003.

CASTELLS, Manuel. *O poder da identidade*. Trad. Klauss Brandini Gerhardt. 2. ed. São Paulo: Paz e Terra, 2000.

CEPEDA, Ana Isabel Pérez. *La seguridad como fundamento de la deriva del derecho penal postmoderno*. Madrid: Iustel, 2007.

CHRISTIE, Nills. *A indústria do controle do crime*. Trad. Luís Leiria. Rio de Janeiro: Forense, 1998.

CHOCLÁN MONTALVO, José Antonio. *La organización criminal:* tratamiento penal y procesal. Madrid: Dykinson, 2000.

COBO DEL ROSAL, Manuel; VIVES ANTÓN, Tomás. *Derecho Penal:* Parte General. 5. ed. Valencia: Tirant lo blanch, 1999.

COPETTI, André. *Direito Penal e Estado Democrático de Direito*. Porto Alegre: Livraria do Advogado, 2000.

CUEVA, Lorenzo Morillas. Teflexiones sobre el Derecho Penal del futuro. *Revista Electrónica de Ciencia Penal y Criminologia*. nº 04-06, p. 1-23, 2005. Disponível em: <http://criminet.ugr.es>. Acesso em: 22 jan. 2009.

DAUNIS RODRÍGUEZ, Alberto. Seguridad, derechos humnaos y garantias penales: objetivos comunes o aspiraciones contrapuestas? *Derecho Penal de la Democracia vs Seguridad Pública.* Granada: Comares, 2005.

DÍEZ RIPOLLÉS, José Luis. *La racionalidad de las leyes penales:* práctica y teoria. Madrid: Editorial Trotta, 2003.

――――. *La política criminal en la encrucijada.* Buenos Aires: B de F, 2007.

――――. El Derecho Penal simbólico y los efectos de la pena. *Boletín Mexicano de Derecho Comparado.* Ano XXXV, n° 103, jan.-abr. 2002, p. 63-97. Disponível em <http://www.juridicas.unam.mx/publica/librev/rev/boletin/cont/103/art/art3.pd>. Acesso em: 23 abr. 2008.

DORNELLES, João Ricardo W. *Conflito e segurança:* entre pombos e falcões. 2. ed. Rio de Janeiro: Lumen Juris, 2008.

FARIA, José Eduardo. Direitos humanos e globalização econômica: notas para uma discussão. *Revista Estudos avançados.* São Paulo, v. 11, n° 30, 1997. Disponível em: <http://www.scielo.br/scielo>. Acesso em: 27 Nov. 2006.

――――. *Las metamorfosis del derecho em la reestructuración del capitalismo.* JPD, n° 39, nov. 2000.

FARIAS JÚNIOR, João. *Manual de Criminologia.* Curitiba: Educa, 1990.

FERRERES COMELLA, Victor. *El principio de taxatividad em matéria penal y el valor normativo de la jurisprudencia.* Madrid: Civitas, 2002.

FIGUEIREDO DIAS, Jorge. Para uma dogmática do direito penal secundário. *Direito Penal Econômico e Europeu:* Textos Doutrinários. V. I. Problemas Gerais. Coimbra: Coimbra Editora, 1998.

FOUCAULT, Michel. *Vigiar e punir.* 5. ed. Trad. Ligia M. Pondé Vassallo. Petrópolis: Vozes, 1987.

GARAPON, Antoine. *Juez y democracia.* Trad. Manuel Escri-Vá. Barcelona: Flor de Viento, 1997.

GARLAND, David. *La cultura del control:* crimen y orden social en la sociedad contemporánea. Trad. Máximo Sozzo. Barcelona: Gedisa Editorial, 2005.

GIACOMOLLI, Nereu José. *Legalidade, Oportunidade e Consenso no Processo Penal nas perspectivas das garantias constitucionais.* Porto Alegre: Livraria do Advogado, 2006.

GIOVANNI, Fiandaca; MUSCO, Enzo. *Diritto penale:* Parte generale. Bologna: Zanichelli, 2004.

GLASSNER, Barry. *Cultura do medo.* Trad. Laura Knapp. São Paulo: Francis, 2003.

GOMES, Luiz Flávio. *Direito penal do inimigo (ou inimigos do direito penal).* Disponível em: <http://www.revistajuridicaunicoc.com.br/midia/arquivos/ArquivoID_47.pdf>. Acesso em: 01 jun. 2006.

GRECO, Luís. Sobre o chamado direito penal do inimigo. *Revista Brasileira de Ciências Criminais.* São Paulo: Revista dos Tribunais, n° 56, p. 80-112, 2005.

HASSEMER, Winfried. *Persona, mundo y responsabilidad.* Valencia: Tirant lo blanch alternativa, 1999.

――――. Limites del Estado de Derecho para el combate contra la criminalidad organizada. Disponível em: <www.cienciaspenales.org>. Acesso em 12 maio 2009.

HULSMAN, Louk; CELIS, Jacqueline Bernat de. *Penas perdidas:* o sistema penal em questão. Trad. Maria Lúcia Karam. 1.ed. Niterói: LUAM, 1993.

IGLESIAS RÍO, Miguel Angel. Criminalidad organizada y delincuencia económica. Aproximación a su incidencia global. *Criminalidad Organizada y Delincuencia Económica*. Bogotá: Ediciones Jurídicas Gustavo Ibañez Ltda, 2002.

JAKOBS, Günther. Direito penal do cidadão e direito penal do inimigo. In. CALLEGARI, André Luís; GIACOMOLLI, Nereu José (Org. e trad.). *Direito penal do inimigo*: noções e críticas. Porto Alegre: Livraria do Advogado, 2005, p. 19-50.

——. La pena estatal: significado y finalidad. In. LYNETT, Eduardo Montealegre (coord.). *Derecho Penal y sociedad*: estudios sobre las obras de Günther Jakobs y Claus Roxin, y sobre las estructuras modernas de la imputación. Tomo I. Bogotá: Universidad Externado de Colombia, 2007, p. 15-61.

JESCHECK, Hans-Heinrich. *Tratado de Derecho Penal*. Trad. de José Luis Manzanares Samaniego. Cuarta Edición. Granada: Editorial Comares, 1993.

LARRAURI PIJOAN, Elena. Populismo punitivo y penas alternativas a la prisión, em *Derecho penal y la política transnacional*. Barcelona: Atelier, 2005.

LYNNETT, Eduardo Montealegre. Introdução à obra de Günther Jakobs. Trad. André Luís Callegari. In. CALLEGARI, André Luís; GIACOMOLLI, Nereu José (Coord.). *Direito penal e funcionalismo*. Porto Alegre: Livraria do Advogado, 2005, p. 11-29.

MARTÍN, Luis Gracia. Consideraciones críticas sobre el actualmente denominado "Derecho penal del enemigo". *Revista Electrónica de Ciencia Penal y Criminologia*. nº 07-02, p. 1-43, 2005. Disponível em: <http://criminet.ugr.es/recpc>. Acesso em: 22 jun. 2006.

——. *El horizonte del finalismo y el "derecho penal del enemigo"*. Valencia: Tirant lo blanch, 2005.

MEDINA, Juanjo. Inseguridad ciudadana, miedo al delito y policía en España. *Revista Electrónica de Ciencia Penal y Criminologia*. nº 05-03, p. 1-21, 2003. Disponível em: <http://criminet.ugr.es/recpc>. Acesso em: 21 mar. 2008.

MELIÁ, Manuel Cancio. "Direito Penal" do Inimigo? In. CALLEGARI, André Luís; GIACOMOLLI, Nereu José (org. e trad.). *Direito Penal do Inimigo*: noções e críticas. Porto Alegre: Livraria do Advogado, 2005a, p. 51-81.

——. O estado atual da política criminal e a ciência do Direito penal. Trad. Lúcia Kalil. In. CALLEGARI, André Luís; GIACOMOLLI, Nereu José (coord.). *Direito Penal e funcionalismo*. Porto Alegre: Livraria do Advogado, 2005b, p. 89-115.

——. El injusto de los delitos de organización: peligro y significado. In: CALLEGARI, André Luís (Org.). *Crime organizado*: tipicidade, política criminal, investigação e processo. Porto Alegre: Livraria do Advogado, 2008.

MIR PUIG, Santiago. *El Derecho penal en el Estado social y democrático de derecho*. Barcelona: Ariel Derecho, 1994.

——. *Derecho Penal*. Parte General. 4. ed. Barcelona: PPU, 1999.

MORAIS, José Luiz Bolzan de. *Dos Direitos Sociais aos Interesses Transindividuais*. Porto Alegre: Livraria do advogado, 1996.

MOURULLO, Gonzalo Rodríguez. *Delito y Pena en la Jurisprudencia Constitucional*. Madrid: Civitas, 2002.

MUÑOZ CONDE, Francisco. *Direito Penal e controle social*. Trad. Cíntia Toledo Miranda Chaves. Rio de Janeiro: Forense, 2005.

NAVARRO, Susana Soto. La influencia de los medios em la percepción social de la delinquencia. *Revista Electrónica de Ciencia Penal y Criminologia. n° 07-09*, p. 1-46, 2005. Disponível em: <http://criminet.ugr.es/recpc>. Acesso em 18 fev. 2008.

PAUL, Wolf. Megacriminalidad ecológica y derecho ambiental simbólico. *Pena y Estado:* la función simbólica del derecho penal. Barcelona: PPU, 1991, p. 111-122.

PRITTWITZ, Cornelius. O Direito Penal entre Direito Penal do Risco e Direito Penal do Inimigo: tendências atuais em direito penal e política criminal. *Revista Brasileira de Ciências Criminais.* São Paulo: Revista dos Tribunais, n° 47, p. 31-45, 2004.

ROXIN, Claus. *Introducción al Derecho Penal y al Derecho Penal Procesal.* Barcelona: Ariel Derecho, 1989.

——. *Pasado, presente y futuro del Derecho Procesal Penal.* Bogotá: Procuradoria Geral de la Nación, 2004.

SILVA FRANCO, Alberto. *Crimes Hediondos.* 4. ed. São Paulo: Revista dos Tribunais, 2000.

SILVA SÁNCHEZ, Jesús-Maria. *La expansión del Derecho penal:* aspectos de la política criminal en las sociedades postindustriales. Madri: Cuadernos Civitas, 1999.

WACQUANT, Loïc. Crime e castigo nos Estados Unidos: de Nixon a Clinton. *Revista de Sociologia e Política.* Curitiba, n° 13, p. 39-50, nov. 1999. Disponível em: <http://sociology.berkeley.edu/faculty/wacquant/wacquant_pdf/LW-PortugTransl.pdf>. Acesso em: 15 out. 2004.

——. *As prisões da miséria.* Trad. André Telles. Rio de Janeiro: Jorge Zahar, 2001.

——. Sobre a "janela quebrada" e alguns outros contos sobre segurança vindos da América. *Revista Brasileira de Ciências Criminais.* São Paulo: Revista dos Tribunais, n° 46, p. 228-251, 2004.

ZAFFARONI, Eugenio Raúl. *Em busca das penas perdidas.* Trad. Vania Romano Pedrosa e Amir Lopez da Conceição. 5. ed. Rio de Janeiro: Revan, 2001.

——. *O inimigo no direito penal.* Trad. Sérgio Lamarão. Rio de Janeiro: Revan, 2007.

ZULGADÍA ESPINAR, José Miguel. *Fundamentos de Derecho Penal.* 3. ed. Valencia: Tirant lo blanch, 1993.

ZÚÑIGA RODRÍGUEZ, Laura. *Política Criminal.* Madrid: Colex, 2001.

——. *Criminalidad organizada y sistema de Derecho penal.* Granada: Comares, 2009.

Impressão:
Evangraf
Rua Waldomiro Schapke, 77 - P. Alegre, RS
Fone: (51) 3336.2466 - Fax: (51) 3336.0422
E-mail: evangraf.adm@terra.com.br